超高效自主學習法

從資格考試準備到提升工作效率皆適用的五大守則

The Self-Learning Brain

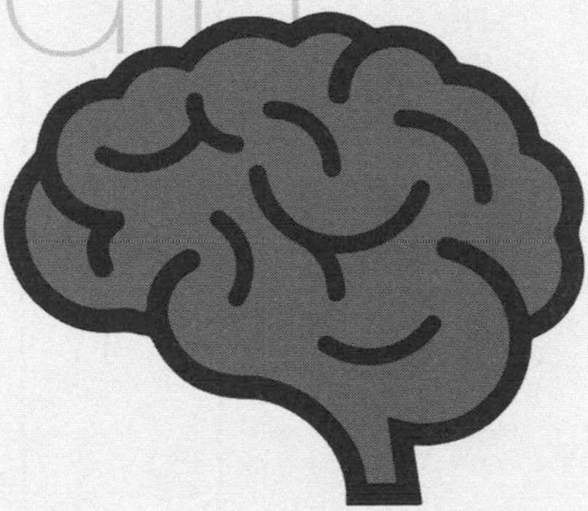

坂本翔・著
劉宸瑀、高詹燦・譯

前言

謝謝你拿起這本書。

真想問問大家，為什麼會選這本書來讀呢？

「我正一邊工作，一邊準備證照考試。」

「我快要考高中／大學了。」

「主管叫我先去學一學某個領域的知識。」

「我想趁空檔學一些新領域的知識，以提升未來職涯的發展。」

「遠距上班變多，工作上沒有可以請教的對象。」

不知各位是否都有類似的狀況或潛在的煩惱呢？

野村綜合研究所二〇二一年二月公布的調查結果顯示，由於遠距辦公令移動時間減少等原因，**每名遠距工作者可自由運用的時間（自由時間）甚至已增加到一年九十小時以上**。

如今有愈來愈多的人把這些時間用來學習新知，投資自己的未來。現在這世上可說是出現了一股「自學熱潮」。

然而對許多人來說，想學習新事物時，到學校或補習班這種將學習方法系統化的地方「花錢上課」，或許是比較常見的做法。

因此，當這些人碰到該學點什麼東西時，會陷入一種「不知該從何著手」的困境。

此外，嘗試回想自己學生或求職時代的狀況，結果發現自己當初「放棄自己動腦思考，然後聽從周遭人等的意見或順應環境來選擇就職方向及公司」的人可能不在少數。

如果你對目前為止所寫的內容有任何一點感同身受，還請務必繼續讀下去。

遲遲沒有介紹自己，我名叫坂本翔。

目前身為「ROC股份有限公司」的執行長，負責經營這家發展社群宣傳行銷等事業的公司，同時也出版或監修一些主要與社群行銷有關的書籍，以一名商業書籍作者的身分活躍於業界。另外，在本書正文中也會提到，我還有另一個頭銜是「行政書士」。

我的人生是一段「自學的人生」。

本書根據我的實際經驗撰寫而成，所以一開始請先讓我用些許篇幅介紹自己至今為止的人生歷程。

我的最高學歷是高中畢業。

就讀高中時，我對音樂非常感興趣，並在十五歲的時候下定決心——「未來要靠樂團表演吃飯」。當時的我開始自學樂器（彈的是貝斯），從此展開了我的自學人生。

後來，在我二十歲那年，樂團解散了。

我家是單親家庭，所以並不富裕。這讓我對支持我們兄弟上學的母親有些罪惡感，畢竟學生的本分是讀書，我卻因樂團而荒廢學業，於是我便開始「想用功學點什麼」。

當時我二十歲，身邊全是大學生。

可能只有我周遭的大學生是這樣，但我曾耳聞他們說過：

「我沒什麼想學的東西，不過是想跟好朋友讀同一所大學。」

「我找不到自己想做的事，為了爭取時間而讀了大學。」

聽到諸如此類的想法，讓我對大學沒多少好印象，所以最初就把上大學從選項裡排除了。

我母親曾經邊工作邊讀護校，並藉此拿到護理師的證照，好將我們兄弟拉拔長大，所以我也開始考慮這個方向——「用功唸書考取證照」。最後我把目標放在不需任何特殊條件，連高中畢業的我也有資格去考的「行政書士」上。

一個高中畢業，毫無法律知識的人，若想通過行政書士這種考取率只有個位數的國家考試，一般都會考慮去補習班。

然而我的家庭環境如前所述，故而無法靠母親的協助。可是我又不能接受等自己存夠錢後再去上補習班的學習速率，所以最終決意「自學」。

我在第三次國考時順利考上行政書士，**當時的我以兵庫縣最年輕的行政書士身分，於二十三歲成立了行政書士事務所**。

這個社會並沒有那麼好混，就算考取資格，工作也不會因此從天而降。於是我便開始自學，把我在樂團團員時代，也曾在嘗試錯誤中摸索過之招攬顧客與行銷等領域的知識，重學一遍。

我決定著眼於當時日本發展鼎盛的Facebook，用心規劃社群網站的攬客方案。不久以後，我主辦了音樂活動，行政書士方面的攬客工作也步上正軌，開始有人委託我當顧問或演講，以教授他們社群行銷的技術。

正如前面所講述的經歷，當時二十四歲的我根本不可能知道該如何進行諮詢和演說，只能根據自己的假設來執行委託。

雖然有時也會失敗，但在實際行動的過程中，我學到很多在紙上絕對無法獲得的知識。

後來，我在社群行銷領域的演講和顧問實績，促成了我第一本書的出版。另外，在二〇一六年二月，差不多是該書發售的同時，我創辦目前由我擔任負責人的ROC股份有限公司，那時我二十五歲。

換言之，我這個從來沒有求職經驗，也不曾當過公司員工的自由工作者竟獨立創業，甚至還成立了自己的公司。

在那之後，我的公司很快便出現人手不足的情況，從未被別人雇用過的我決定聘僱員工。

直到現在，我也仍不斷在面對雇用人手、經營公司這種組織的困難之處，反覆地下決定、在碰壁與改進之間不斷的來回，我一面享受頻繁到來的成長機會，一面穩步朝著目標前進。

可能稍微長篇大論了點，不過一旦這般回首往事，便會發現從我高中學樂器開始，到行政書士國考的準備、社群行銷的技巧、做諮詢顧問與舉辦研討會的方法、書籍的撰寫、成立公司等一切技能都是我自學而成的。

在現代，人們對各種資訊的獲取變得更加容易，生活方式的選項也隨之增加。大多數的人每天都在迷茫中思考、決斷再繼續前行。

我不曾上過大學，也不曾找過工作，僅憑自學考到的資格就出了社會，對這樣的我來說，恐怕碰壁的次數比一般人多得多，而每次我都是靠自己的頭腦來克服的。

我想，或許分享這些經驗能讓某些人得到救贖，所以我寫了這本書。

有的人上了大學有老師諄諄教導，工作以後也有好上司從旁協助，由這些一路走來都過得很順利的人來看，搞不好會覺得我這種人生很沒效率。

不過我認為，在接下來的時代，**面對那些自己無法推論出答案的事物，以及從一開始就沒有答案的東西，無法仰賴別人教導，而是必須自己面對的場面將會愈來愈多**。

新冠疫情亦是如此。

一時之間整個社會亂成一團，沒有任何人有一個明確的答案，知道「這麼做絕對沒問題」。

「不能外出的生活令人窒息，這種狀態真的會延續下去嗎？」

「疫苗是該打，還是不該打？」

直到今日，也還是有這些基於各種想法而衍生的報導或討論。

此外，在撰寫這本書的現在，我周圍的人甚至開始騷動起來，聲稱「Web3.0的時代已經來到」。

我們可以透過蒐集資訊來吸收過去的知識，可是卻沒有人能知曉未來會發生的事。只能根據蒐集而來的資訊，用自己的頭腦思考，並做出決定，繼續向前邁步。

此時的我們別無選擇，唯有管控好自己、做好時間管理，同時進行必要的產出，**自己親手把自己的人生調整至最佳狀態**。

我以自身經驗為本，將我認為在未來時代生存的必備思想歸納於這本書之中。

希望本書的內容可以帶來一些啟發，成為讀者邁出步伐的契機，如此便感甚幸。

坂本　翔

目錄

第3章　決策實行力……79

第4章　時間控管力……103

第6章 訊息輸出力……153

第 1 章

邁向必備「自學腦」的時代

1-1 什麼是在未來時代中必備的「自學腦」？

● 因新冠疫情急遽變化的「學習場域」

二〇二〇年年初，新冠病毒大舉肆虐日本，從此我們的生活有了徹底的改變。以「社交距離」和「居家防疫」為始，到商業設施及餐廳等店家縮短營業時間、建議採遠距工作措施、口罩與消毒酒精成為外出必需品等等，不管是順風還是逆風，許多行業都受到了影響。

與此同時，**「學習場域」也被迫發生巨大的變化**。

學校與補習班不再面對面教學，而是普及線上教學。學生陷入了這種狀態：無法和同學一起待在同一個地方上課，倘若心中有疑惑不解或問題想問，身旁卻沒人能回答。

職場也是如此。

有一段時間，新鮮人的員工培訓全在網路上進行，於是人們有任何疑問都無法在培訓結束後私下向同批入職的員工或前輩確認，也不能在下班後聚個餐，一邊喝酒一邊發培訓的牢騷，以此作為工作的精神食糧。

再加上遠距辦公的普及，使得如今以面對面等形式，在同一個時間與地點跟對方共享資訊的「同步溝通」不再基本。

在數位轉型下消逝的「同步溝通」

所謂的人際關係，原本是一種在面對面交流中建立起來的紐帶。

然而通訊軟體這些「異步溝通」的工具扎根我們的生活，人們彼此在自身方便的時間回覆訊息，雙方的時間軸不再一致，構建人際關係的必備技能有所改變，導致人們的學習方式也變得截然不同。「異步溝通」成為主流，而身邊沒有可以在

【圖1】溝通的種類

	面對面	不面對面
同時	面對面商談	網路會議
不同時	紙本資料	電子郵件 通訊軟體 官方社群媒體

「同步溝通」下傾訴的對象，代表**問題必須獨自解決**的情況變多了。

儘管新冠疫情目前已趨緩，但數位轉型（DX）正於各行各業加速發展，我們必須培養出能在這樣的社會中應對變化的能力才行。

●安度動盪時代所必備的「五大能力」

本書將可適應今後時代的能力定義如下：

○資訊蒐集力
○決策實行力
○時間控管力
○自制意志力
○訊息輸出力

以蒐集來的資訊為本，用自己的頭腦思考。邁向目標，以自身意志做決定，不被他人左右。管理好自己的情緒與時間。執行必要的輸出，讓周遭人等參與進來，藉此得以達成自己的目標。

本書想傳授給各位的，正是這些組成「自學腦」的能力。我認為**學會這「五大能力」便是本書的終極目標**。

以本書架構而言，我們會先在第一章對造就「自學腦」的「五大能力」做簡要的說明，並介紹自學的特色或優缺點等前提內容。

隨後在下一個階段，我將結合自己的親身經歷來為各位解釋各項能力的內容。

第二章「資訊蒐集力」
第三章「決策實行力」
第四章「時間控管力」
第五章「自制意志力」
第六章「訊息輸出力」

【圖2】組成「自學腦」的「五大能力」

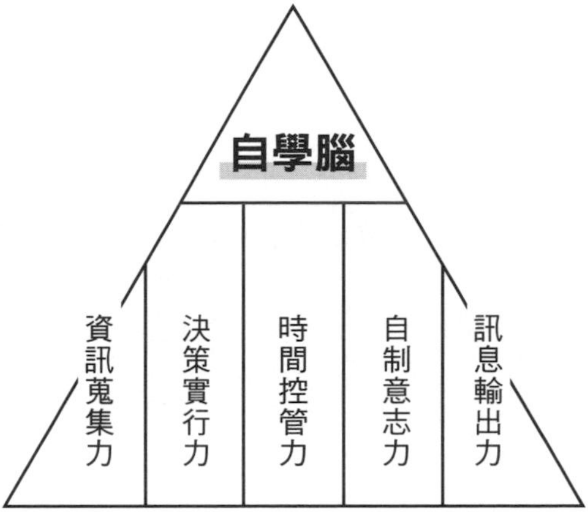

本書的內容不僅有益於學生等以學習為本業的人，也對一邊工作一邊準備考資格證照的考生、必須在遠距辦公環境下工作的上班族，以及創業後得獨自走跳社會的自由業者等人有所幫助。

請務必繼續閱讀本書，掌握**今後時代必備的「自學腦」**。

1-2 資訊蒐集力

●從「記憶力」轉為「搜尋力」

接下來我會逐一解說組成「自學腦」的「五大能力」概要。

本書所講述的**「資訊蒐集力」可劃分成「搜尋力」、「閱讀力」與「斷捨力」**三種。

首先，我們從「搜尋力」開始說起。

隨著網路與Google等搜尋引擎滲透我們的生活，「握有情報」這件事不再如從前那樣有價值。

事先記憶的重要性已然降低，取而代之的是必須要有提取這份知識的搜尋力。

若想掌握找出必要資訊的搜尋力，重點在於養成一個習慣：在輸入情報的當下若心中浮現問題，或在輸出訊息的途中有所疑慮時，便在Google等搜尋網站上搜尋一下。

例如「只需瀏覽搜尋結果前三名的網頁，即可獲得必要的資訊」，像這樣透過大量的經驗累積，就應當能夠掌握搜尋力。

●理解資訊真義所必備的「閱讀力」

接著是「閱讀力」。

大多數的資訊都是透過文章輸入我們腦中的。

「作者運用這種表現方式是在傳達什麼訊息？」、「哪一段是這篇文章必須讀懂的本質？哪邊是不太重要的裝飾文字？」這種**正確把握文內情報的閱讀力也是一項必備技能**。

個人認為唯有拚命讀書才能鍛鍊出這項能力，閱讀的內容只要是自己感興趣的領域即可。

不過，單純毫無計畫地大量閱讀並無意義，所以請各位在**讀書的時候，腦中也同步按照書中標題（目錄）列出摘要**。

如果很難光用想的來執行，也可以寫在手機備忘錄或紙上。只要重複練習這個動作，閱讀力便會提高。

●砍除多餘情報的「斷捨力」

最後是「斷捨力」。

一旦提升前面提到的「搜尋力」與「閱讀力」，就會有大量的資訊進入我們的眼簾。接下來必備的能力是從這些已獲得的資料中「把必要訊息以外的情報捨棄掉的能力」。

或許也可以換一個方法解釋，即「削除不需要的資料，只吸收必要資訊的能力」。

這部分也跟後面提到的內容有關係，例如我們可藉由**拋棄完美主義意識**習得這項能力。

第二章我們將以這三項要素組成的「資訊蒐集力」為主題來討論。

1-3

決策實行力

●區分「自己」與「他人」，活出自己的人生

組成「自學腦」的第二項能力是「決策實行力」。

即使去蒐集資訊，到頭來也只是從別人過去的所思所想中提取訊息而已，並非自己思考的結果。

請**把這種「從他人身上取得的情報」與「靠自己的頭腦想出來的情報」區別開來**。

做出區分之後，必須一面參考從他人那裡蒐集的資訊，一面用自己的頭腦思考，並做出獨屬於自己的決定。不管是自身未來發展方向這種重大的決策，還是考

卷上單一題目的解答這類細微的決斷，都是一樣的。

直到做出這項決定為止的整個過程，就是所謂的「思考」。

請各位對這一點有所認知：**調查出來的情報終究只能看作在決策前過程中的一個參考**。

在自己思考、決斷並邁步向前之際，**必須擁有一顆**不被他人意見所左右，也**不怕與眾不同的心靈**。

尤其是在日本可能相當難保有真實的自我，畢竟「向前人看齊」的文化根深蒂固，而且世間已然變成一個人們可以在社群網站等平台上不露面地匿名攻擊別人的地方。

只不過，經典名著《被討厭的勇氣》（究竟）也曾提到，**在乎他人眼光而活並不是在過自己的人生，而是在過他人的人生**。我們必須擁有堅強的意志，才不會落得這番下場。

關於這部分的內容，我也會於本書中結合自身經驗傳授給各位。

1-4 時間控管力

●時間感會因人或狀況而異

第三種組成「自學腦」的能力是「時間控管力」。

時間是一種有限且平等的資源。

「明明小時候感覺時間很漫長，長大以後卻覺得時間流逝得飛快」——各位是否也曾這樣想過呢？

常見的說法認為其原因在於時間的占比不同，比如說五歲小孩的一年是他一輩子的五分之一長，另一方面，對五十歲的大人而言的一年則是他活到這個歲數的五十分之一，這個比率決定了時間的價值。

此外也有人提出另一種緣由，即孩童每天都在體驗新事物，所以很多記憶都會鮮明地留在腦海裡。反過來說，大人過去累積的經驗多，所以他們往往會不斷重複經歷與過去相同的經驗，大腦不會一一將這些重複的內容記憶起來，因此容易陷入「回過神來已過了一年」的狀況。

儘管時間是平等的，但時間感卻是因人而異。

我想，各位本書的讀者中，可能有很多正在自學、或是抱持著從現在開始自學的想法，想學點什麼東西的人。

從前面的例子來看，我認為**自學時光是可感受到近似於兒童時間流逝感的一段日子**。

然而人總有提不起幹勁或身體不舒服的時候，有時學習進度並不能按照事先規劃好的時程表進行。既然身為人類，就無法完全消除這個問題，因此我們不得不在規劃時程上下點功夫，例如列出一張有考慮到這方面的時程表。

1-5 自制意志力與訊息輸出力

●沒有任何一種輸入方式可以勝過輸出

第四種能力是「自制意志力」。

「自學」如其名，是一種「獨自」進行的活動，所以基本上必須自己親自管理好自身的幹勁。本書後面將介紹我自己實際運用過的辦法。

最後的第五種是「訊息輸出力」。

譬如與人交談、在社群網站上發文等，**人類可透過向這些外界發送訊息的工作來思考，並徹底查閱那些輸入大腦的資訊**，使其深深紮根於腦海裡。

舉個例子，在學生時代，當考試中考卷上出了自己教朋友做過的題目時，自己當下便能回想起來並寫下答案——或許也有不少人有過這種經驗吧。

沒有任何一種輸入資訊的方法可以比得上輸出。關於這些輸出的技巧，我們也會在後面的章節中詳述。

到此我們做了一番簡略的介紹，以讓各位大致了解本書所傳授的「組成自學腦的五大能力」。

在這第一章中會介紹自學的必要性等前提內容，至第二章以後才會基本依循這「五大能力」來講述。

1-6

學歷並非必要條件

「個體價值」比過往經歷更重要

接下來我將講授自學的必要性等習得「自學腦」的前提部分。

近年來，我感覺這個世界正轉變成一個不在乎學歷與工作履歷的社會。

「我來自偏差值很高的學校。」

「我是知名企業出身。」

這種**僅憑學歷或工作經驗來衡量個人價值的時代已不復存在**。

在接見來我公司面試的求職者時，雖然我也不是完全沒看過他們的學歷或職涯履歷，但我從未以這個條件來決定是否錄取他們。

如今這個時代，我認為**能在市場上把「個人」（該名人物自身或其所擁有的事物）塑造成品牌的能力，比學歷或工作經歷重要好幾倍，也更有價值**。比方說，我以前就曾經在必須從最後階段選拔中選出一名候選者的狀況下，靠這一點做出決定。

Google促使資訊的取得民主化，Facebook則讓個人發言民主化。到現在這個時代，人們得以輕易了解與傳達個人的思想。

不只學歷及工作經驗，追蹤者人數及互動數等個人影響力也被視覺化，**個人行動或其發言所成就的個體價值，就變得更加重要**。

要提升個體價值，唯一的辦法就是每天以自學的姿態從各式各樣的事物中學習，並持續採取行動。在這個重視無法寫在履歷表上之內容的現代，才正需要擁有一個「自學腦」。

1-7 沒有一個學習法比自學更省錢

●自學可因應自身能力或環境做出最佳規劃

說到自學的好處
——那就是可以將學習費用降到最低。
不但不用繳交高額的註冊費與學費，還可以用自己的步調專注學習自己不擅長或想知道的內容，可說性價比極高。
如果去上專科學校，因為大部分的學習方式都是按部就班地照預先規劃好的課程進行，所以就算是自己擅長的地方，也得配合周遭人等來學習（為此付出學費很浪費）。也就是說，學校是一個很難聚焦學習自己想學或不擅長事物的環境。但是，自學就能做到這一點。

●可壓低成本，以最快的速度取得成果

正如先前的〈前言〉所述，在身為行政書士國考準考生的二十歲左右時，我的目標是自學考上行政書士。畢竟這是一年只有一次的國家考試，所以一般來說，去讀補習班一年要花二十萬日幣左右。

當時我便想，我住在老家，又沒有積蓄，雖然有在打工，但假如認真從零開始學，就不得不縮減打工時間。由於職場未來也會變動，因此我不曾考慮過自己打工存到補習班學費再開始讀書這條路。

或者說，我覺得這樣的學習速度無法維持學習熱忱。

在這種情況下，若是身在一個普通的家庭，幾十萬日幣上下的費用跟父母拜託一下就好；但我家是單親家庭，連公立學校都是靠獎學金支援才得以就讀，所以並非一個在金錢上有餘裕的家庭。此說出「因為我想去補習班，所以請給我三十萬日

幣」這種話，也就等於得逼我母親比之前更拚命工作。

另外，讓她因付不出這筆錢而產生內疚的想法也很令人難受，結果我沒有跟母親說自己想上補習班，而是從一開始就打算自學備考。

我從小就看著我母親在撫養小孩跟工作的同時讀護校，而且她連得了重病也努力痊癒並取得護理師執照，所以我覺得自己選擇走上自學一途的背後，受到母親這種學習態度相當大的影響。

這個部分有些偏個人經驗，總之最後我沒去讀補習班，而是決定自學考上行政書士，因此我記得自己先把書局賣的三千到四千日幣左右的教科書跟六法全書各買了一本，又買了幾本一千到兩千日幣左右的題庫，一年大約是兩萬日幣，再加上考前舉辦的幾次模擬考費用，總共只花了差不多三萬日幣。

單純算起來，以三萬日幣抵銷三十萬的補習費，所以我用十分之一的費用就考上了。

沒有一個學習法比自學還省錢。

1-8 沒有一種感情比「喜歡」更好

這真的是我該花時間學的東西嗎？

自學大多都是出於自身意願開始的。

「自身意願」代表的是因喜歡而選擇努力用功。

「被父母唸了以後才努力準備考大學。」

「被上司說了之後才開始讀書。」

這種「並非因喜歡而做的被動者」與「自己積極用功的主動者」，他們的吸收速度與深淺等學習的品質自然大不相同。

這一節想告訴各位的是：**除了抱持「喜歡」的心情以外，沒有別的方法可以維**

持高品質的學習動力。我希望所有正在閱讀本書的讀者，都能盡可能在這種感情下進行自學。

各位拿起本書的朋友，我想你們應該正實際在各種各樣的領域上自學（或是將來會這麼做）。

這雖是一個很基本的建議，但請大家在真正掌握自學腦之前，暫時停下來思考看看自己要「自學什麼」。

畢竟是要耗費你人生中有限且重要的時間，所以當然**該學自己喜歡的東西**。

「目前自學的領域是自己喜歡的嗎？」

「沒有硬著頭皮勉強自己學嗎？」

「這對自己的人生真的不可或缺嗎？」

在這樣問自己的時候，不曉得各位會做出什麼樣的回答呢？

有時也有做出「縱然不喜歡，但要朝那個方向邁進必須暫時這麼做」的判斷，而去學自己不喜歡的事物的時候。

這難道不是自認在學與喜歡的事物同一條線上的東西而沒什麼問題，但其實卻完全在另一條線上努力嗎？

「就算你對我說這些，但討厭也得學啊！」——或許也有人這麼想。

可是，事實真的是這樣嗎？

請各位試著換個核心想一想，這是否只是你自己這樣斷定而已？

●把自己的「喜歡」變成學習的推進力

事實上，現在這個時代把自己喜歡的事物當工作維生的人有增加的趨勢。我自身也是如此。

起初是「想學點什麼」，當時經過各種考量，我成了一名行政書士。

沒過多久，在行政書士的攬客活動中，我發現自己對社群行銷的熱忱，出書這個契機則使我對媒體產生興趣。

隨後經歷了一段活力充沛地參與雜誌取材、電視節目的時期，後來我以自身意願創業——不是聽從他人的建議，也並非順應環境而為——為了擴大公司規模每天盡心盡力。

由於**總是憑藉「喜歡」或「必須」的心情來行動**，因此我覺得自己在**精神上的壓力比別人還少**。（雖說有時會因為喜歡而忽略身體上的負擔，勉強自己就是了……）

各位是否確信這種能以興趣為工作的人是一小部分，自己是做不到的呢？

對此深信不疑的人，**請你不要限制自己的可能性**。

本來人生就是有限的，其中能在身體健康的狀態下自由選擇並決定自身前進道路的時間更是有限。

讓我們粗略估算一下，假設你現在三十歲，到六十歲以前都能度過健康且選擇自由的人生。

當然我們預設這段期間都有工作，如果一年的休假有一百二十天，其中有一百天是可用於自學的時間，那一輩子也只有三千天（一百天乘以三十年）而已。

在這種情況下，應該沒有餘裕將時間用在不喜歡的事物上才對。

現在認為的那些即使勉強自己也必須去做的事，真的是你人生中必要的東西嗎？難道不是單純身邊的人這麼說，結果隨波逐流停止思考而已嗎？

在下一章正式學習「自學腦」之前，請務必仔細思考看看。**時間是有限的，沒有比「喜歡」更好的情感**。希望各位讀者的寶貴時間，都可以用在對你人生來說必要的、喜歡的事物上。

1-9 提升目標的解析度

●決定「何時」達成目標

我想，拿起本書的各位之中，心懷某個目標，並日復一日朝那個目標努力學習的人應該很多，不過現在還請大家再次確認自己的目標是否曖昧不明。

「考上每年一次的國家考試。」

「成為一個游刃有餘的人。」

你的目標是不是這種概略的方向呢？

若是如此，希望你能藉此機會提升目標的解析度。

舉例來說，當我的目標是自學考上行政書士這種一年一度的國家考試時，雖然看起來是設立了一個「考過這場考試」的目標，但**有沒有定下一個達成目標的「時間」**呢？

如果還沒設定「什麼時候」或「到什麼時間為止」的期限，便無法清楚知道該用什麼步調來學習，很有可能這個期限會變成「總有一天」。「總有一天」的狀態是永遠也抵達不了目標的。

首先要決定目標達成的時間，例如「考上二〇二二年度的考試」。剩下的，就請各位不要想太多，專心向考試日衝刺。

假如目標無法達成，那只要重新設定目標即可。

●具體想像「我想成為的自己」

稍早我們曾在目標上舉過「成為一個游刃有餘的人」的例子，這個目標對於「想要哪種游刃有餘」的描述也很模糊。是經濟上的游刃有餘？還是時間上的？心靈上的？……諸如此類。

比如經濟上的游刃有餘，必須考量增加收入的方法，儘管要花比現在更多的時間；時間上的游刃有餘得思考能在不縮減自己的時間下維持現有年收入的方法；心靈上的游刃有餘則是必須學會一些思考能力或方法，好去捕捉維持自身精神衛生的事物。

上面列舉的只是一些範例，不過還請大家用這種方式深入挖掘自己所描繪的未來，**提高目標的解析度**。

●最強的判斷依據是「臨終之際」想做什麼樣的自己

在談到目標這個話題時，若是還不知道「最後想成為什麼樣的人」，尚未擬定終極目標的人，請務必在這個階段好好考慮一下。

這裡說的「最後」，指的是「臨終之際」。

思索終極目標的時候抽象一點也沒關係，不必像前面提過的目標解析度提升過程一樣深入挖掘、具體呈現。

以我來說，我想的是「前提是我的死亡不會給留下來的家人造成經濟上的困擾，在這個基礎上，我想成為一個死後也能活在人們記憶中，給盡可能多的人帶來良好影響的人類」。

無論是不做獨資企業而是選擇經營公司、擴大事業規模、增加員工數量也好，持續出書也好，盡量接受媒體或演講邀約也好，擁有一個家庭也好——這些全都跟我心裡的終極目標有關。

一旦決定好終極目標，這個目標就會成為我們的判斷基準，在面臨人生重大抉擇時自不必言，它也有助於減少生活決策上的迷茫，包括是否應該承接每天的工作等等。

剛才說過目標抽象一點也沒關係，但不管是什麼樣的內容都要發揮其作為判斷基準的功用，因此一個抽象的終極目標反而更好。

1-10 自學的優缺點

●自學最大的好處在於以失敗為糧食

在第一章的最後，讓我們重新整理一下自學的優缺點。

首先，如前所述，自學的第一個優點是可以把成本費用壓到最低，畢竟沒有一個學習法比自學還省錢。

第二個優點則是能夠集中精力學習自己不擅長或想了解的內容。若是去補習班之類的地方，有時連那些自己很拿手、不需要讀的部分都得配合周遭人等來學習，可自學就沒有這個問題。學習步調也能以自己的節奏來安排。

第三，因為一切都必須自己獨力進行，所以可**學會用自己的頭腦來思考的能**

力。

去補習班只要照著學校準備的課程來學就好，然而在自學的時候，從課程規劃開始就不得不自己做打算，因此必須看清自己的目標，並反推決定該走哪一條路來達成它。

這個目標也不是一次到位，而是暫時嘗試採用初步的假設來進行，不行就回頭再試一次，這種試錯的過程是在所難免的。

失敗也要看作理所當然。

或許到補習班依課程進度學習的時間效率更好，但這麼做卻不會失敗，或者很少失敗。

相對而言，自學的時間效率可能有點差，不過正是因為可以失敗，才能對失敗免疫，不再害怕失敗。

勇於挑戰不怕失敗，代表能培養出一個足以開拓自己人生的關鍵心神，這一點我認為**十分值得花時間去做**。

這說不定是自學最大的缺點。在反覆進行試錯之際，以自己的頭腦去做判斷，便能養成一個不被周圍左右的「自學腦」。

「必須自己思考」的缺點和優點是一線之隔

接著來談自學的缺點。

第一個壞處是沒有一起唸書的同伴，畢竟顧名思義，自學代表獨自努力學習，所以很難維持學習動力。這一點稍後會再詳細描述。

其次則是在通過考試等目標的實現上，對於例如「法律」或「行銷」這種學無止盡的領域，需要一定的時間去掌握應當學習的必要內容，像是從哪一個部分讀到哪裡比較好，或是對現在的自己而言，哪些是必須學會的範圍等等。如果是去補習班或類似的講座這種向他人學習的情況，可說不花這部分的時間也沒關係。

我記得在自學準備行政書士國考時，在考試範圍的法律知識上，第一年我也耗費半年左右的時間去掌握該著重學習哪一部分。

【圖3】自學的優缺點

優點	・可把學習費用降到最低 ・可專心學習自己不擅長的領域 ・學會獨立思考的能力
缺點	・很難維持學習動力 ・需要時間來把握該學習的範圍

只不過，這種缺點跟「學會自己思考的能力」這項優點也是一線之隔，所以假如可以把握這項能力，一切就都不算白費力氣。

從結果來看，我從未後悔選擇自學的人生。

第一章已經將組成「自學腦」的能力定義、「自學腦」的必要性以及自學本身的優缺點等內容傳達給各位了。

從下一章開始，我們會把主題放在組成「自學腦」的第一種能力——「資訊蒐集力」上進行解說。

第 2 章

資訊蒐集力

2-1 學校的學習是增加自身能耐的訓練

首先是更改「看待學習的方式」

隨著網路和Google等搜尋引擎的普及，掌握資訊本身不再像以前那麼有價值。只要搜尋一下，任何人都能輕易接觸到自己想了解的情報，也不需記住那些透過搜尋便可得知的資訊。

然而日本的學校教育仍舊傾向於叫學生背誦那些查一下就能知道的東西，還出到考試題目上讓學生們互相競爭。

請別誤會，我並非想說「學校沒用」或「不去上學也無所謂」之類的話。我也經常收到母校和其他各級學校的演講邀請，學校至今都是我非常喜歡的地方。雖說只讀到高中，但我在學校裡學到的東西不計其數，現在想起來也盡是快樂的回憶。

這裡我想告訴各位的是，只要改變在學校那種「看待學習的方式」，就能把用功讀書與將來出社會所必備的能力連結起來。

●以學生時期的學習擴增自己的能耐

看待學習的方式，指的是**將學習視為一種訓練，訓練自己提升大腦的能耐和容量**。這麼做就能鍛鍊出在商業的世界裡必備的多工處理能力。

所謂的多工處理，意指多項工作並行，在進行的同時做工作的切換。出社會以後，天天都會遇到需多工處理的事項，例如同時展開多項工作，或是同時進行任務的處理等等。為了每天都能完成這些工作，首先必須得有一定的大腦容量，這感覺就像是增加電腦CPU的核心數一樣。CPU可說是電腦的人腦，核心數愈多，平行運算的處理就愈有利。

舉例來說，國中或高中時，我們多半每天花五到六小時讀書，差不多每隔一小時就要學不同的科目。

以商業工作為例的話，這種情況類似於一天開五到六次會，回家之後還要做作業，處理手上案子的企劃或雜務。

學生時期可能很難每天想像未來的工作來過日子，如果現在正在閱讀本書的你是一名學生，在討厭或感到學校的讀書方式很辛苦時，請務必採用這種理解並克服它。我想這一定對你的將來有所助益。

【圖4】在學生時期習得多工處理能力

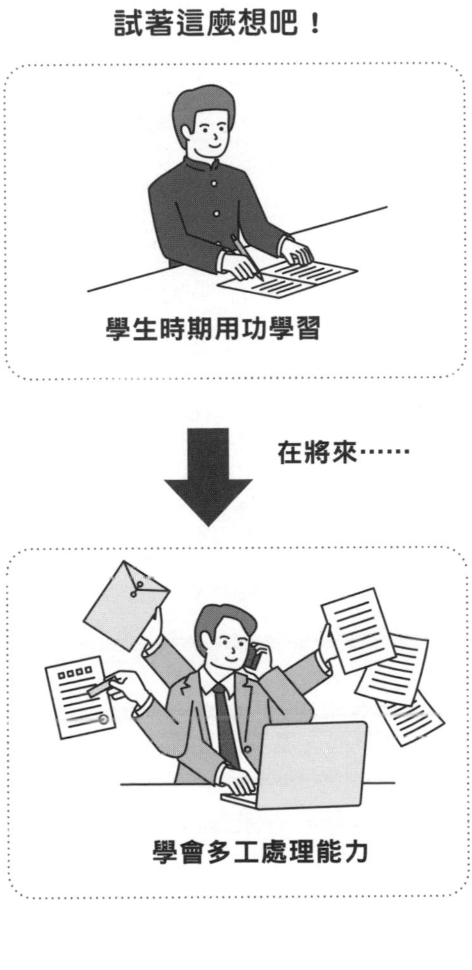
試著這麼想吧！
學生時期用功學習
在將來……
學會多工處理能力

2-2 完美主義是自學之敵

●完美的資訊輸入並不存在

如前所述，「資訊蒐集力」可分成「搜尋力」、「閱讀力」及「斷捨力」三種。

搜尋力是不管三七二十一，藉由勤加累積搜尋資訊的次數一點一滴地學起來：閱讀力則是透過練習書籍等文章摘要來習得。

此處告訴各位的「拒絕完美主義」一事，也跟資訊蒐集力有關，尤其是其中的「斷捨力」。完美主義是自學之敵。

只學必要的事物即可的精神，對自學來說是絕對必備的東西。

比如說在自學吉他等樂器時，選擇「把和弦全部背起來再去買想彈的曲譜」的人，再過多久時間都不會彈那首曲子（據說吉他的和弦有數百種以上）。可以說，自學樂器的順序是先買自己想彈的曲譜，然後把那首曲子用的和弦記起來，這才是正確的步驟。反覆進行這個流程，應該會在記住各種不同歌曲的同時，也學會很多的和弦。

準備證照考試之類的學習也一樣。像歷史或法律這種科目，如果有人的想法是全部背起來再去考試，那他到底什麼時候才能考得到呢？

一開始理應先試著做做看該考試科目的考古題或模擬考，再從出題內容逐一背誦學習。

不管是哪一種考試，都應當有一定程度的傾向。譬如有些歷史事件跟法律條文經常會被拿來出題，所以就重點學習這些地方——在自學的時候請具備這樣的意識，捨棄完美主義，以高效率且掌握要領的方式學習。

●最有效率的學習法是「邊走邊學」

在創業或成立公司上亦是如此。

雖說也存在「管理學」這門學問，但世上的事情極少能照課本那樣發生。

將來打算創業的人多半會選擇「在現在的公司努力工作三年，為創業做準備」這個模式。我覺得這也是一種完美主義精神。

倘若想創業成為老闆，首先應該明白一件事——在被雇用的狀態下學到的東西真的很少。

舉個例子，「到自己未來規劃創業的業界領頭羊上班，用三年的時間盡可能學到他們的專業技術，建立人脈」，如果是像這樣訂定出一個明確的期限和目的倒還好說，但除此之外的狀態恐怕只是單純浪費時間。

總之，**把來日必備的一切知識技能都學起來再行動幾乎是不可能的事**。只要把握最低限度的資訊，做好風險迴避，剩下的就邊走邊學——可以說這種形式才是最有效率的學習方法。

除非是當成一種興趣或研究來學，不然學習是達到某個目的的過程，**學習本身不可變成目的**。請各位拋棄完美主義，習得從終點反推回來，只獲取必要知識的能力。

2-3 回到本質便能引出答案

●把資訊凝鍊到精簡為止

前一節提到，我們需要捨棄完美主義，只吸收必備事物的能力。這一節則會告訴各位獲得能力時所必要的東西。

從結論來講，我們必須「理解訊息的本質」。

要明白輸入資訊的本質，請問問自己「結果對方想說什麼？」、「其真正想傳達的是什麼？」，並**把訊息削減到最精簡的狀態**。

只要能刪除多餘資訊，看穿對方欲傳達的內容本質，那麼即使浮於表面的訊息發生變化，我們也可以應用本質來應對。

●掌握本質在行銷上也很重要

我們以招攬顧客的本質為例。

敝公司目前正在發展社群網站的宣傳行銷事業。就我個人而言，過去曾出版和監修多本與社群行銷有關的書籍，像是《Facebook社群經營致富術》（東販）、《Instagram社群經營致富術：集客×行銷×吸粉，小編必學的69個超強祕技完全公開！》（東販）和《了解社群行銷就靠這本筆記》（寶島社，暫譯）等書。書中我經常談到招攬客戶的本質。

直接從結論來看，攬客的本質在於「當目標族群的需求顯現出來時，使他們率先想到自己，從而招攬客戶」。

比方說在經營拉麵店的時候，就算對經過店門口的人祈禱他「突然想要吃拉麵！」，那個人也不會真的感覺好想吃拉麵而走進店裡。

意思是，拉麵店只能默默等待目標受眾出現想吃拉麵的慾望（即「需求顯著化」）。

在等待顧客的階段，只要讓對方在「想去哪裡吃個飯」時第一個想到我方的店就贏了（即「招攬到顧客」）。

要想讓對方第一時間想起我們，就必須將我方的資訊深深植入目標客戶的心中。

在現代，用來執行這種訊息輸入的工具是社群網站。

這在以前只能透過電視廣告、大眾運輸廣告或新聞廣告來進行。只要了解其這種不被時代左右的本質，即使未來工具改變，我們也依然應對自如。

被工具操作方法等與時俱進的東西吸引注意力，然後只輸入這類資訊，這麼做對各位的幫助並不長久。

應當運用頭腦思考並記住的部分即為本質。請在清楚本質的基礎下學習工具的使用。

●了解本質就能獨力找出答案

能像這樣掌握本質的話，就可以在自己心中設立初步的假設，所以也很容易付諸行動。例如煩惱「公司開了Instagram的帳號，但不知道該怎麼發文比較好」的時候，會想到「只要客群在需求顯現的時候想到我們就好，所以搭配第一眼就帶有衝擊力的圖片，文章則是盡量少點廣告色彩，這樣應該比較有人願意讀（即「願意輸入訊息」）。接下來因為單獨一次的發文當然不會被記住，因此不斷反覆發表這類內容不就好了嗎」。

一旦如這般理解本質，那每一次思量都能回到問題的本質上，並以自己的力量導出答案。

2-4 別嫌棄模仿

效法成功人士的做法

雖說這很天經地義，但自學是沒有人可以教你的。

因此**假如覺得其他人的學習方式或想法很不錯，那馬上依樣畫葫蘆學起來的態度也是必須的**。為了盡快達到自學前方的目標，需要掌握好邁進的要領——不拘泥於原創，捨棄無謂的自尊，仿效那些做得好的人。

不論是現在我們說的話語，還是每天吃的料理，一開始都是某個人做出來的產物。大家都在師法這些東西，並把它們融入自己的生活之中。

如果模仿繪畫、音樂等藝術，以及法律等規範上規定「只有擁有該資格的人才能從事」的領域，可能會有違法的疑慮，但假使是不屬於這個範圍內的思想或機制（有版權保護的東西除外），我覺得應該大大方方地去效法。

●把好的事物加乘在一起，就是自己的原創

這一點不僅限於自學，創辦商業業務時也是如此。

即使是現在流行的一些服務項目，也大多都是利用交叉思維的思考方式，**將兩種服務的點子組合在一起，或是改善某項服務的短處所形成的新服務**。

撇除前面提到的例外，比如受法律保護的事物，或是會違反規則的東西等等，讓我們不斷模仿並吸收資訊到自己腦中吧。

只要各位把這樣吸收而來的知識調整成適合自己的模樣，它大概就已經是一個帶有自己色彩的原創內容了。

2-5 書本是我們大腦的擴充槽

●別為了「記住什麼」而讀書

說到蒐集資訊，我認為讀書是一個很典型的例子。這一節會告訴各位我在讀書方式上所意識到的東西。

「自學」是「獨自」「學習」某項事物，學習過程中應該會讀一些在相關領域上受到推崇的書籍，或是應試的教科書等等。

在讀這些書時，各位的態度是不是「好不容易花時間來讀，總該有所收穫」、「那怕只記得一件事也好」呢？

假如用這種態度來面對書本，在讀完卻不太記得書中內容時，便會開始責備自己「讀這本書的時間都在幹嘛」，結果學習本身，連同唸書在內都變得痛苦了起來。

在此我想告訴各位的是，要以「書是自身大腦的擴充槽」的認知來對待書籍。

人類頭腦的容量有限，其機制是從不使用的內容開始遺忘。

以電腦為例，倘若使用電腦本身的儲存容量，將資料通通保存在主機上，電腦的運作就會慢慢變得笨重，從而無法發揮出最佳的效能。

因此，我們會採用一些解決辦法，比如把不要的資料移到資源回收桶裡，或是把平常不會用到的資料轉存雲端或外接硬碟上，不要存在電腦裡。

同樣地，透過人類的大腦將一切都記憶起來是不可能的事。**重點在於**別採用「我要從書裡獲取或記住哪些直接資料」的態度讀書，而是**先將把握資訊位置的記憶留在腦海中**，知道「讀了這本書就能知道某領域的某項內容」。

一旦用這種態度來對待書本，就可以稍微以俯瞰的視角從容面對書籍，不再刻意背誦書籍內容。

●直接把筆記寫在書上，就能在短時間內取得必要資訊

與書相處的關鍵，是預先設立一個會顯示「在某某時候要讀這本書」的感測器。

如此一來，日常生活中就能藉由感測器的反應，讓我們在必要的時機點翻開適當的書籍，並從中提取情報。經由這樣的流程，便可從取自書中次數較多的資訊開始，依序將資料納入自己腦內。

在提取資訊之際，若是一本沒有任何閱讀痕跡的新書，會很難觸及到必要的訊息。

建議各位在讀書時，務必手握一支筆（我都用很顯眼的紅筆），**一邊讀，一邊用線條或符號在自己介意的內容上做記號**。

要是能做到這一點，那未來在翻書查找參考資訊時，就只要以有記號的內容為主來回顧即可，是故找到必要資訊的速度將遠超以往地快。

假使可以用這種態度來應對書籍之類的情報，自己的腦袋裡便只會留下真正重要、必要且會反覆使用的資料和思維，因此得以保持頭腦清晰，內心也會變得更有餘裕。這就是我個人推薦的對待書籍的方法，同時也是輸入資訊的技巧。

2-6 動手查之前，先以思考鍛鍊大腦

●在自己內心充分消化那些查到的資訊

現在這個時代，只需在Google等搜尋引擎或Twitter等社群網站上查一下，就能以幾十秒或幾分鐘左右的時間找到別人想出來的相應回答。

然而如果把一切判斷都交由搜尋結果進行，那大腦就會逐漸不再使用，變得無法用自己的頭腦思考事情。這代表此人是用他人的思維來過自己的人生，沒有自己的想法。

那些查一下便有的東西，頂多也只是單純的資訊和知識，並非憑藉自己大腦思考後的結果。基於那些查來的知識，再**自己思量過後所得到的東西，才會化為自己**

的血肉。

如前所述，有時我們也必須仿效好的事物來吸收訊息，但重要的是要好好咀嚼（用自己的頭腦思考）吸收來的東西，做好得以輸出這些資訊的準備。

因此，哪怕在查閱前花幾秒鐘到幾分鐘都好，請試著自己想想看該問題的答案，建立自己的假設，再調查自己的答案是否正確。用這樣的流程查詢資料，不但可以增加自主思考的能力，也比較容易記住查到的東西。

在接下來的時代，對於那些沒有答案或查了也不明白的事物，我們須得有自己導出答案並加以應對的能力。人們所尋求的正是這種可以自己設下初步的假說，並將其付諸實踐，假如進展不順利還能自行調整的能力。

為今後生存所必備的力量，其實可以藉由「查資料」這個很平常的動作來訓練。

2-7 蒐集情報的媒體不必精簡

●資訊要取自多種不同的媒體

「資訊蒐集力」一章的最後，要傳授各位蒐集資訊的方法。

我想，最近秉持「不看新聞、不讀報紙，資訊取自社群網站」的人應該也不在少數。

但是，只從特定的媒體獲取情報，這種蒐集資訊時來源偏頗的做法我並不建議。

在搜羅資訊的時候，**消息不來自單一媒體，而是廣泛徵集的人，其得到正確資訊的可能性也比較高。**

雖然這麼做可能會稍微多花一點時間，但從各種不同角度調查一件事物，可將好幾個人的思考結晶納為己用，所以知識輸入的深度將有所提升。

●利用iPhone或Google的功能，從多個角度捕捉必要資訊

平日看新聞時，我不會只看固定的新聞媒體，而是開啟iPhone的News小工具，讓iPhone幫我從多個不同媒體摘選新聞來看；或是運用「Google快訊」這個功能，讓Google整理跟我事先設定的關鍵字有關的報導，在指定時間發送電子郵件到我的信箱。

如此一來，即使是同一篇新聞或事件的報導，我也可以接觸到多種不同媒體的意見，從而擴大資訊的廣度。

社群網站、搜尋引擎、網路新聞、書籍、朋友或同事說的話……身具這些多采多姿的資訊蒐集管道的人，其獨自思考時就有更多的參考來源，更方便歸納自己的見解。

「資訊蒐集力」是本書欲傳授的「自學腦」組成能力之一，本章以「資訊蒐集力」為題，總結出關於「搜尋力」、「閱讀力」和「斷捨力」的內容。

在獨自奮鬥的自學之路上，作為其中一種戰鬥武器，獲取情報的力量是很重要的。

我在這邊告訴各位的是一種知識，僅僅是把我思考得來的結果作為資訊傳達給各位而已。

我並不認為只有這些才是正確解答。

請各位讀者參考此處書寫的內容，同時一邊吸收自己覺得好的部分，一邊以自己的腦袋思考，藉此找出自己獨有的做法。

第3章

決策實行力

3-1

提升「思考力」的三大方法

●「決策實行力」是「自主思考的能力」

這一章的主題是組成「自學腦」的第二種能力——「決策實行力」，下面將講述與此相關的內容。

為了做出決策並繼續前行，我們必須根據蒐集而來的情報來思考。「思考力」一項必備的能力。

那麼，該怎麼做才能提高「思考力」呢？

首先要意識到——「為何」我們該深入挖掘收到的訊息。

舉例來說，可以**養成這個習慣：時常對生活中看到的新聞或事件抱持疑慮，自**

問「為什麼會發生這種事」。

像這樣先對任何事情心懷疑惑，即為自主思考的第一步。

●讓自己能在「具體化」與「抽象化」之間切換

此外，那些有能力在具體和抽象間來回的人，可說是思考力很強的人。

比如說，只要提高抽象化的技巧，就可以從個別事件中找出共通點並發現其本質。如果提升具體化的能力，想法就不會模糊不清，而是可以將其落實到有實際效果的任務上。

經常舉例或擅長使用譬喻手法的人，或許可說他們的具體化能力很高。

反過來說，習慣歸納，常說「簡而言之」的人，或者喜好分門別類的人，搞不好可以認為其抽象化的能力很高。

請試著自己回顧一下，如果你認為自己兩邊都做得到，就代表你可以在具體跟抽象之間轉換自如；要是感到自己偏向其中一方，建議有意識地以自己欠缺的角度看待日常事物。

●對自身思想存在「主觀」或「成見」的事實有所自覺

在論述「思考力」的最後，我也想談談慣性思維。

生活的時間長了，任誰都會產生一些主觀或先入為主的觀念。這對自己的思維慣性有很大的影響，所以一開始就對自己的主觀或成見有所自覺是很重要的。

因此，有一個有效的解套方式是**試著有意識地批判自身的想法**。這種做法稱為「批判性思考（Critical Thinking）」。

例如透過批判性地看待自己得到的結論，自問「這真的對嗎？」，便能發現那些在帶有主觀或成見的思考下注意不到的地方，像是「在這種情況下會怎麼演變」或是「從這個角度來看就出現漏洞」等等。

透過在各式各樣的事件上反覆這麼做，便可逐漸發覺自己的思維慣性，同時在思考的時候也能不被主觀或成見形成的慣性思維所困。

總的來說，要提升「思考力」，必須有意識地進行下面三項訓練：

○時常懷抱疑問，嘗試思考「為什麼」。

○有意識地在具體和抽象之間轉換。

○對思維慣性有自覺，並予以改善。

覺得自己的思考力不足的人，請務必試試這三個方法。

3-2 別被舊有做法所蒙蔽

●人類的想法會受到生活的時代或環境影響

自網路普及以來，資訊的流動變得快速，訊息的傳遞範圍也廣闊到可以橫跨整個世界，據說在這二十年間流通的資訊量甚至增加了六千倍以上。

其中，生活在網路普及以前時代的人們，往往會不小心按照那個時代的感覺來判斷事物，所以這些人經常會**成為那些朝新方向邁進或以新方法學習的人的夢想破壞者**。

我說這些並不是要否定以前的人。恐怕在未來，那些活在二、三十年後的人會這樣看待我們也說不定。

另一方面，因為他們會用那個時代的思維來看待一切，所以儘管對方本身無意否定新的方式，但有時也會不由自主地這麼認定。

●人類不善於接受「自己想像不來的東西」

人類是由環境所塑造的。

譬如自己打算創業的時候，在當今的時代只要有電腦、手機或網路，就算沒有巨額資金或寬闊店面，也可成立一個事業並得到充分的收入。然而對於不生活在這個時代的人而言，這種方式看起來相當可疑，或著因為無法想像，所以不特別深入思考就予以否定。

一旦周遭不斷以「胡說八道」、「反正也不會成功，還是放棄啦」這些否定的話語評判我們，即使身具極大的可能性，也有可能會被對方說服。這對社會來說是非常大的損失。

以我來說，儘管最高學歷是高中畢業，法律知識等於零，但我還是從二十歲開始就以考上行政書士國考為目標自學。

結果我二十二歲就考上，當時還以日本兵庫縣最年輕的行政書士身分開辦行政書士事務所。二十五歲時，我成為作者，得以出版第一本書，同時亦成立了「ROC股份有限公司」，從事社群行銷業務。

我想，這是因為我很幸運，**身邊的家人或朋友都不曾否定我所選擇的道路**。

雖然我覺得自己是一個意志堅定的人，但到底是家人朋友這種關係親近的對象，只要想像他們否定我的決定，我就不確定自己能不能繼續自學準備資格考試或商業出版而不放棄了。

●努力接受一個自己未曾知曉的世界

不知各位讀者屬於哪一方，但如果是位在否定方的人，還請嘗試不要單憑自己過去的經驗或直覺來判斷，而是**好好傾聽對方的意見，連自己不知道的世界也努力理解看看**。

假如是被否定的那一方，則請毅然決然地保有自己的意志，忍耐下去。

再重複一次，包括人類在內的所有動物都是隨環境改變的生物。一旦處在一個自身潛力受到否定的環境，最後便會長成一個遷就那套框架的人類。

當然請也不要否定自己，**盡量別置身於一個會否定自己的環境中**。

如果無論如何都得待在那個環境，社群網站將為你提供幫助。我們會在第六章解說社群網站在自學上的應用。

3-3 聰明的人是在沒有正確答案的道路上前進的人

●正是在撞上無解障壁時發揮「自學腦」的效用

「因為那個人頭腦很聰明……」經常有人會這麼說，不過「頭腦聰明」到底指的是什麼樣的人呢？

所謂「聰明的人」，我覺得是**會為沒有正確解答的事物定義答案，能自行規劃路程並邁步向前的人**。

這正是具備本章主題「決策實行力」的人。

前面提到過「學歷在現代社會不再必要」的內容，而這絕對不代表「學歷高等於頭腦好」。

我認為學校的制度多半是「對於那些有正確答案的問題，給予在時間內尋得答案的人分數」（雖說也不一定都是如此）。

可是在現實社會上，這類問題並不常見。世上多的是原本就沒有正確解答的問題。尤其如果是在經營公司，就會感覺遇到的盡是這種情況。

在撞上這種沒有正確答案的障壁時，**以自己的頭腦整理現狀或分析原因，從中蒐集必要的情報。自行思考並參考這些資訊制定初步的假設，在控管時間及自身情緒的同時，偶爾也帶動周遭一起前進**。

這種力量正是今後的時代所必備的「自學腦」。

我認為這不是輸入什麼資訊就能做到的事情，而是只能每天針對那些發生在自己身上的事件有意識地動腦訓練。

●藉由詢問「為什麼」來深入挖掘，辨明核心

例如以我來說，在創業之後的兩年左右，我都是以一人公司老闆的身分獨自工

作；但成立公司並首次雇聘員工時，我曾以自己的方式思考了各式各樣的狀況。

要不要雇員工的問題本來就沒有正確答案。

不雇用員工，而是跟外部人士以專案為單位組成團隊處理工作，在自己的能力範圍，自己喜歡的時機，與自己喜歡的客戶一起工作，這種不雇聘他人的方向很正確。雇用員工，將事業拓展到自己獨力無法達到的規模，這種方向也很正確。

兩者均為正確的答案，另外還有幾個沒寫在這裡的選項。

結果我從公司成立的第一年就雇了員工，一直持續到現在。回頭看看當時的筆記，會發現我第一次雇用他人時似乎是這麼想的：

○話說有必要雇聘員工嗎？　↓　有必要。

○這是「為什麼」？　↓　我想盡可能承攬委託我的工作，希望解救那些信賴我的人，可是自己一個人的能耐是有限度的。

○也有一種選擇是在不超過自己能力範圍內工作，「為什麼」不這麼做？　↓　因為我想在創業後擴大公司或事業的規模，透過自己的力量，給更多人帶來好的影響，即使多一個人也好。

○這是「為什麼」？ ↓ 因為我希望能讓把我帶到這個世界上，辛苦養育我長大的母親覺得「雖然很辛苦，但能把他養大真是太好了」；或是讓重視我的家人朋友覺得「看到他努力的樣子，內心也獲得了勇氣」。

當我現在考量同一件事時，答案的方向可能也稍微會有些不太一樣，不過在第一次雇用員工的二十四到二十五歲當下，我是這樣斟酌的。

像這樣，一旦挖掘「為什麼」，答案就會變得愈來愈抽象，不過**這種抽象的答案也是在自己本質上很重要的價值觀**。

只要像這樣在各種情況下挖掘「為什麼」，使能使自己的核心變得更加清晰明確。

一旦明確擁有一個能成為自身標準的核心，就可以在有一系列選擇的人生中毫不猶疑地向前邁進。

●別太被思維框架所囿

這類「思考技巧」其實也沒有一個正確答案。

像思維框架這種東西，只需一查就會找到各式各樣的類型，但我想應該還是有很多人覺得很難，畢竟了解這些框架的含義或背景需要時間。我自己也是其中之一。

當然，思維框架也是很重要的東西，所以我認為可以在打算好好思考時利用它（我都將它用在與他人分享自身想法的重要場合上，例如決定公司業務方向等事項時），如果無論如何還是覺得很難，只要記住**「總之先試著挖掘一次『為什麼』」**，我想這應該能在許多場合派上用場。

就算當作磨練「自學腦」的訓練也好，請務必嘗試看看。

話說回來，這些**思維框架本身也會隨時代而改變**，所以我覺得沒有比如今正生活在這個時代的我們自己思考得來的答案更正確的東西。

3-4 丟掉那些不必要的決策準則就不會煩惱

●把自己的煩惱寫出來，為其設定優先順序

雖說本章的主題是「決策實行力」，但那些無法做出決策的人身上應該是有什麼煩惱。

在這種情況下，就算茫然不解地煩惱下去也不會有任何進展，因此請把「現在我在煩惱什麼」寫出來，將煩惱視覺化。

寫出來的方式不論是用紙或平板電腦手寫，還是用電腦或手機打字都好，只要是容易執行的方法就沒問題。

只要試著把煩惱寫下來，有時也會發現其實問題意外地少，或是已著手解決的

問題卻還在拖延不決。

●減少決策準則

另外，煩惱的原因大多都是因為決策準則太多。

因此，請為決策準則制定優先順序，將其縮減到第一或第二項，使判斷的標準簡單化。

比方說，在準備國考時煩惱該自學唸書，還是去補習班學習的時候，只要試著將決策準則列出來，就會發現其大致可分成「資金問題」與「時間問題」兩種。下面我們透過這兩種決策準則來思考看看。

※以「讀補習班可以更快考上，自學則很花時間」為前提。

①雖有就讀補習班的資金，但沒有時間

↓應該去補習班備考

②沒有就讀補習班的資金，也沒有時間

↓如果資金的優先順序更高，就只能延後預計考上的時限，多花點時間準備

↓假如時間的優先順序更高，則即使借錢也要去上補習班

③有就讀補習班的資金，也有足夠的時間

↓若想盡早考上，就應該去補習班備考

④沒有就讀補習班的資金，但有足夠的時間

↓應該自學備考

如上所述，只要能把多數的決策準則縮減到兩個，判斷模式便只剩下四種左右。

假使再進一步把決策準則減為一個，那判斷模式就變成兩種，從而更容易做出決定。

舉例來說，當明確知道資金是最重要的決策準則時，應該就會因為不願意花錢

【圖5】有兩個決策準則的時候

資金＼時間	無	有
有	①	③
無	②	④

而選擇自學。

當時間是最重要的決策準則時，則大概會因為希望盡量不花時間，同時有效率地通過考試，於是決定去上補習班。

如果各位之後在自學途中產生煩惱，請先試著寫出來一吐為快。

這麼做都解決不了的話，請確認自己心中是否有更多的決策準則。

太多的時候，就把它縮減到一至兩個，並以此為判斷的標準。

請嘗試將其付諸實踐。

3-5 將訊息抽象化，簡化理解

●愈是削減多餘的部分，就愈容易理解

各位目前正在藉由自學輸入資訊的讀者之中，我想有很多人會在考試或發表演說等任何輸出資訊的場合克制自己。

向別人傳達訊息時，最好盡量簡單扼要。

前提是，這裡所說的**「簡單」，是指只留下真正必要的東西，其餘內容全數削除**。

現在我一邊經營公司，一邊以商業書籍作家的身分活動，記得在第一次寫書的當下，當時的責任編輯跟我說「請你寫出國中生都能懂的文章」。

編輯解釋說，這當然不是因為他要為國中生出書的關係，而是如果連沒有商務經驗的國中生都可以明白文章要表達的意思，那對這個領域不甚熟悉的上班族便能順利讀懂。

國中生都讀得懂的文章，即為簡單的文章。所謂簡單的文章，意指在刪除那些困難的詞藻後，簡易且基本的文章。

要簡單易懂地傳達訊息，就要將其抽象化。**若要將其抽象化，最好具備刪減資訊，歸納摘要的概念**。

相反地，知識淵博的聰明人多半都有向周遭人等展示自己聰明之處的傾向，所以喜歡運用困難的詞彙。於是他們的解說往往顯得長篇大論。

抱持這種心態的話，或許偶爾也會發生一些意外，例如考英文的時候，在本來不用困難單字也能正確回答的問題上用了很難的英文單字，結果反而因單字拼錯而扣分之類的。

●簡單領悟事物，便能看見其本質

只要訊息夠簡單，就很容易傳遞給他人，而且還可以避免不必要的錯誤，同時也容易被我們記住，好處相當地多。

在必須應用前面提到的決策準則時，也可以採用簡化的技巧。事先將自己的決策準則簡化，便能在各種不同的場合下靈活應對，十分方便。

舉例來說，我直到接近二十歲左右的時候都在從事音樂活動，並以靠樂團維生為目標，然而當我所屬的樂團決定解散時，我思考過自己接下來的人生。

如果同前述般挖掘「想靠樂團表演維生」這個具體夢想的「為什麼」，並將其抽象化，就會發現自己「或許並不是愛音樂愛到無可救藥，而是對自己為樂團這個組織掌舵的快感記憶深刻」。

如果不是想要在樂團玩音樂玩到被世間認可，而是希望自己成立的組織憑自己的力量被社會認可的話，什麼方法都可以。

只要能抽象化到這個程度，便能擴展將來選擇的幅度。

之後我的思路如下：

自己成立組織 ↓ 當老闆 ↓ 為此必須了解世面 ↓ 世界圍繞著法律運轉（我當時這麼認為），所以學了法律，不就能漸漸看見這個社會 ↓ 想學法律 ↓ 行政書士所學法律範圍廣闊，來挑戰考行政書士 ↓ 如果可以用行政書士的身分獨立創業，便能順勢將其視為當老闆的練習

抱持這樣的想法，我先是在二十三歲時作為行政書士創業，並於此領域中以社群攬客留下一定的成果，直至今日。

這部分的話題是我被邀請對學生演講時也經常談到的內容，如果各位讀者之中也有對將來感到煩憂的朋友，我建議先試一次「把想做的事情抽象化」看看。

比方說對於「想成為糕點師」的夢想詢問「為什麼想成為糕點師」並將其抽象

化，便會得到各式各樣的回答，如「希望用自己做的東西讓人們幸福」或「希望做出一個可以讓人慶祝特殊日子的東西」等等。

如果未來出於某些理由，不得不考慮糕點師以外的選項，即使如此，**只要腦中事先對自己想做的事有一個抽象的概念，就能在選擇其他道路時不感到勉強**。

將訊息抽象化並簡化理解，是一種對在今後瞬息萬變的社會上生存所必備的技能，因此希望各位一定要以本書為啟發，掌握這項技能，如此便是我的榮幸。

第 4 章

時間控管力

4-1 時程表是自學的一切

●自學必須要有一個時程表

本章將介紹組成「自學腦」的第三項能力，即「時間控管力」。

自學代表不會有學校老師或公司主管引導我們，告訴我們該怎麼做。

從建構課程及時程表，到每天的學習動力管理，全部都得自己一手包辦。

因為一切都要靠自己，所以要是處於一個「不知為何」的狀態，不管是前方的道路也好，前進的速度也好，通通都不清楚的話，就會像是在原地踏步一樣無法前進，最後根本無法持之以恆地自學。

因此，**請一定要設立時程表**。

●先從未來願景反推回來，制定一張粗略的時程表

如果是國家考試，多半是一年考一次，所以就從那一年一次的考試日反推建立時程表。

若是沒有固定考試日的學習領域，則根據「想在什麼時候成為什麼模樣」的未來願景倒推，先試著規劃出一整年（幾個月的時間也行，依情況而定）的長期時程表看看。

時程規劃粗略大概也沒關係，所以總之要由自己先做出一份時程表，這一點很重要。

舉個例子，假設我們為二月考的證照考試安排一張大致的時程表如下：

○1～2月：一邊做過去十年的考古題，一邊選定必要的考試範圍。

○3～5月：在整個考試範圍概括學習，同時於讀課本輸入資訊和做題庫輸出資訊

之間來回切換。

○6～7月：再次去解過去十年的考古題（確認自己是否掌握相關能力，分數比第一次還高）。

○8～9月：一邊重點複習考古題上做錯的地方，一邊做考古題以外的題庫。

○10～11月：參加市面上或補習班主辦的模擬考，以做錯的題目為主用功學習。

○12月：以不擅長的部分為中心做整體複習，之後一面進行考試當天的想像訓練，一面調整身體狀態。

一開始先做出這種大框架的時程表就好。

在沒有固定考試日的學習上，請試著自己設定一個「想在什麼時候成為什麼模樣」的截止日期，再規劃時程表。

在這個基礎上，將其落實到下一節會談到的週計畫表中。

自學時，「先暫時不假思索地嘗試」是不行的。

這種爆發力和行動力偶爾會在工作上奏效，但自學不同。
還請務必要安排好時程表。

4-2

以週為單位制定詳細計畫

●週單位時間管理容易回到正軌

上一節我們提到長期時程表，而這裡則將講述具體的每日時程表。具體的每日時程表要以一週為單位規劃。

其原因在於，若是以一天為單位，提前一天做規劃的話，因為怎樣都能修改調整，所以不算是一個「計畫」，只是單純決定明天做什麼的工作而已。以月為單位，時間又太長，難以修正步調，頂多不過是份指標。

以年為單位的話，如上一節所述，它可以掌握大略的計畫，知道「該項目約略劃分至這個時期，計畫得在這裡完成」，所以雖然是必備之物，卻很難決定細節。

因此，**以週為單位能建立具體計畫，也能有效將進度拉回正軌，可說是最現實的一種計畫區間**。

首先，請各位計算自己一週內有幾天、幾小時可以投入自學之中。

然後再依照上一節的時程表大框架，填入各週每天的行程，例如「讀到這本課本的第幾頁」、「做完這本題庫的第幾頁」等等。

●一週至少設定一天為沒有預定計畫的「調度日」

此處我想傳授給各位一個重點。

以週為單位設立計畫時，請務必留一天為「調度日」，設置一個沒有任何預定計畫的日子。

我在自學準備行政書士國考時，曾以星期天為調度日。

平時因為工作的關係，有時候一整週都沒辦法按照既定計畫讀書。

一旦這樣的日子持續兩到三天，就會陷入「最近什麼都做不到」、「我真沒用」的情緒裡，使學習動力下降，甚至可能導致學習毫無進展而放棄。

對於必須自己控管學習動力的自學來說，必須不惜一切代價避免動力降低。

所以必須採取對策，防範這種情況的發生。

其中一項對策就是設立一週一天的調度日。

在調整日當天把無法按進度推進而多出來的部分全部處理掉，這樣未做完的進度就不會被推遲到下一週。

一旦不斷將進度拖延到隔週，時程表就不得不大幅調整，需要耗費更多的精力才能恢復原本的學習步調。因為會縮減原本花在應做事項上的時間，所以每週一次的調度日非常重要。

如果順利按時程表進行，調度日當天沒有任何需要做的事，就請把那一天當成假日。

多虧自己一整週都努力照進度進行，所以才有了休息的時間，請把它看作是對自身的獎勵，是讓身體與頭腦休息的日子，並利用這段時間養足精神。

有餘力的話，也可以在這天執行下一週的預定計畫。

4-3 整頓生活節奏

●為一天中必做的事項制定時間

身體是一切事物的資本，自學也不例外。

我在樂團時期除了平常時段的打工以外，也曾有一段時間在上夜班。我記得那種不規則的生活節奏本身對身體帶來的負擔比工作內容還重，當時不論精神還是肉體上都飽受折磨。

透過保持固定的生活節奏，就能將注意力放在自己原本應當專注的事情上，而不會令身體產生負擔。

在調整生活節奏時，不必為一天的生活安排詳細的時程表。

不管有沒有預定計畫，起床跟就寢的時間每天都要一樣，每天吃飯的時間、洗澡的時間也要相同，只要像這樣**定下每天必做事項的時間，生活節奏就會變得很有規律**。

譬如在每天設定相同時間吃飯時，習慣這個節奏的身體就會記住它，從而產生下方的循環：

時間一接近就覺得肚子餓　↓　自動中斷專注力　↓　吃飯　↓　充分休息恢復專注力　↓　可再次專注學習

由於專注力有限，因此這麼一來便能避免持續懶散拖延，也能避免過度勞累。

沒有任何一件事值得犧牲身體健康，所以要盡可能整頓好自己的生活節奏，不讓自己扛著無謂的壓力向前邁進。

4-4 坦然順從人類的本能

●限制動物性需求會令學習品質降低

雖然經常有「熬夜也無所謂」類型的人，但我並不建議通宵達旦。我自己除了前面提到的夜班打工以外，從來沒有熬夜工作或讀書過。不睡覺對人類的身體帶來的負擔相當大。

人類即使只是醒著都會消耗體力，所以必須藉由睡眠恢復身體狀況。如果熬夜導致睡眠不足，就容易感到疲憊，不但荷爾蒙會失去平衡，免疫力也會下降，結果讓人更容易生病。

身體就是你的資本，如果身體不再活動、不再健康，那就得不償失了。

食慾亦是如此，所以當然也該停止控制飲食。

雖說這是天經地義的事，沒有必要特地寫出來，但人類的身體是由吃下去的食物組成的，不攝取作為源泉的食物，或是做飲食上的控制，便無法正常活動身體。

結果**使得原本得以維持的專注力被迫中斷，能記住的東西也記不住，產生許許多多的弊病**。

綜上所述，限制睡眠慾望或食慾等動物性需求會導致各方面出現問題，所以請注意這一點，坦然順從這些慾望來生活，以提高自學的品質。

4-5 把「一心兩用」發揮到極致

●在有限時間內瞄準一舉兩得的「一心兩用讀書法」

時間是有限的。

唯一平等給予這世上所有生物的東西就是時間。如何把握時間、度過時間是非常重要的事情。

雖然做完一件事再著手下一件事的做法也不錯，但**可以同時進行兩件事的話，在時間上會更有優勢**。

我在自學準備行政書士國考時，每天生活都會刻意注意自己有沒有辦法「一心兩用」地同時做兩件事。

假使做事的時候兩手中有一隻手是空的，我就會開始思考可以用另一隻手做什麼別的事；倘若耳朵跟眼睛任一方有空，就想耳朵可以做什麼，眼睛可以再另外做什麼，類似這樣試著有意識地考慮周遭的事物，便能找出可以同時進行的工作，這或許很有意思。

舉例來說，我備考行政書士時實際做過的事情有：

「用手做料理，用耳朵聽法律條文朗讀音檔」

「在身體為了運動去散步的時候，用耳朵聽法律條文的朗讀」

諸如此類，因為做事的時候耳朵空閒的時間很多，所以用耳朵聽條文朗讀檔的時間也變多了。

●讓學習成為生活的一部分

就算是在用功讀書以外的時間，我也經常會一心兩用，做出「一邊用手刷牙，一邊用眼睛以一點五倍的速度觀看錄好的電視節目」的事情。

順便一提，我認為看電視懶懶散散、沒有目的是在浪費時間，所以通常不會看直播，只錄下自己覺得有必要看的節目來看。這些錄下來的節目，我也限制自己只能在刷牙或吃飯的時間觀看。

常見的「在廁所裡或冰箱門等處貼上寫了英文單字的便利貼」，這種做法也是「一心兩用」的一種。

當然，睡覺或吃飯時專心一點比較好，才不會對身體造成負擔。而且也不必強迫一起生活的家人等自己以外的人做一樣的事，所以應當在不會給別人帶來麻煩的範圍進行。

我並不認為所有事情都一定要同時去做才正確。

然而，如果能懷抱這樣的意念，每天擠出一分鐘，那一年甚至可以多得到三百六十五分鐘，也就是大約六個小時。

倘若可以多擠出一點用錢也買不到的時間來自學，說不定也會有不一樣的未來。

4-6 徹底排除無用事物

●透過數位化提高效率，增加學習時間

自從新冠疫情以來，數位化一口氣在各個領域蓬勃發展。

這個時代變得只要想靠數位力量提高效率，任何事情都可以被效率化，使我們創造出更多的時間。

無論說幾遍我都想傳達給各位——時間是有限的。

如何運用時間決定了自學讀書的成敗。「也有從無用事物中誕生的東西」我不否定這個事實，但是在自學期間，那些與各位讀者的目標（例如考試上榜等）無關的其他東西，都應該視為「無用事物」並徹底排除。

●線上活動大幅節省移動時間

在現今這個時代，從購物、上課、開會到喝酒聚餐，**任何事情都能夠在線上進行。**

我們公司也是，自成立以來原則上都是遠距工作，所以不僅公司內部的會議，跟公司外部人士也幾乎都是線上會議（必要時我們一樣會到公司或拜訪對方的辦公室）。

另外，在私人行程上，購物時若已經決定好要買什麼，也覺得那樣東西不必特地耗費移動時間或到花體力去店面逛的話，也許就應該直接透過網路購物來解決。

●要有即使被人討厭，也要保障自身時間的覺悟

有時也會因公司內的應酬或朋友間的交際，而收到完全不想去的酒局等聚餐邀約的時候。

在這種場合下，如果各位判斷這場聚會對自己現在的目標而言不需要的時候，請明確地拒絕對方。

真正理解你的同伴或朋友應該會支持你，所以要是因此導致人際關係破裂，我覺得那就是不必要的交際。

在第一章也出現的經典名著《被討厭的勇氣》（究竟），裡頭也有提到，**若要讓每個人都滿意地笑，便沒有時間留給自己**。

看別人臉色過活並不是為自己而活，而是在過別人的人生，所以不要只在意他人的目光，擁有活出自己人生的勇氣——也就是被別人討厭的勇氣——很重要。

●刪除沒在使用的手機應用程式

看手機的時間也潛藏著無端的浪費。

各位是否在懶散且漫無目的地滑社群平台或購物網站呢？限制這類時間也是一種有效減少時間浪費的方法。

最初請先試著整理手機內部，例如刪除不要的應用程式。以判斷不需要應用程式的辦法來說，iPhone的話可以從「設定」裡面的「螢幕使用時間」檢查哪些是使用時間長的應用程式。差不多前二十個是真正必備的應用程式，把這些程式設定在手機滑開的第一頁主畫面，再刪除剩下的其他程式，這也是一種方式。

另外，很多手機會有一個功能是「瀏覽時間達到一定程度就發送通知」，也請好好活用這些功能，同時想辦法**避免自己過度浪費時間玩手機**。

4-7 現在馬上捨棄紙本行事曆

●紙本行事曆會令人更在意書寫本身

沉迷於紙本行事曆人很多，但在在安排時程表上並不建議採用紙本。

從結論來看，我推薦使用Google Calendar之類的數位工具。

原因在於基本上在紙上寫字時，你的注意力不禁會被「在狹小空間把字寫得很整齊」或「寫出一手漂亮字體」吸引，結果忘記記錄將來的時程，或是**偏離原本「想要將其當作讓生活過得更有效率之時間管理工具」的目的**。

此外，只要寫錯字或變更預定行程，每次都要費力塗改。更何況可供書寫的空間有限，將行事曆、筆、塗改工具等必備物品帶著走也很麻煩。

●在時程表的管理上，數位比紙本更有效率

相較之下，只要是數位工具，任何時候都可以透過我們身上攜帶的手機或電腦來完成，同時其能做到的事也更多。

例如我也在用的Google Calendar。

就算是更改預定行程，必須修改內容的時候，也只要長壓那項預定行程，並用手指拖曳移動即可。

行程的詳細內容也能在該行事曆裡頭盡情書寫。還可以依照不同的預定區分顏色。

再加上，也可以設定鬧鐘，避免自己忘記行程。如果有想分享行程的人，甚至能設定跟自己以外的人共享。

而這一切基本上都可以免費使用。

即使僅僅是像這樣列舉一部分的功能，各位應該也會了解數位的優點比紙本多得多。

由於本書不是工具操作說明書，所以會避免進一步詳述，包含Google Calendar在內，現在世上有很多的行事曆或專案管理工具，沒用過的朋友請一定要借此機會試一試。

順便一提，雖然離題了，但採取遠距辦公的敝公司在目前二〇二二年三月這個時間點所應用的工具有：電話和電子郵件自不必言，其他還有Google Calendar（共享行事曆）、Asana（專案管理）、Slack（溝通工具）以及其他Google的功能等等，我們主要運用這些工具執行遠距工作。

當各位轉換成數位工具時，還請務必參考看看。

【圖6】作者某一天的行程

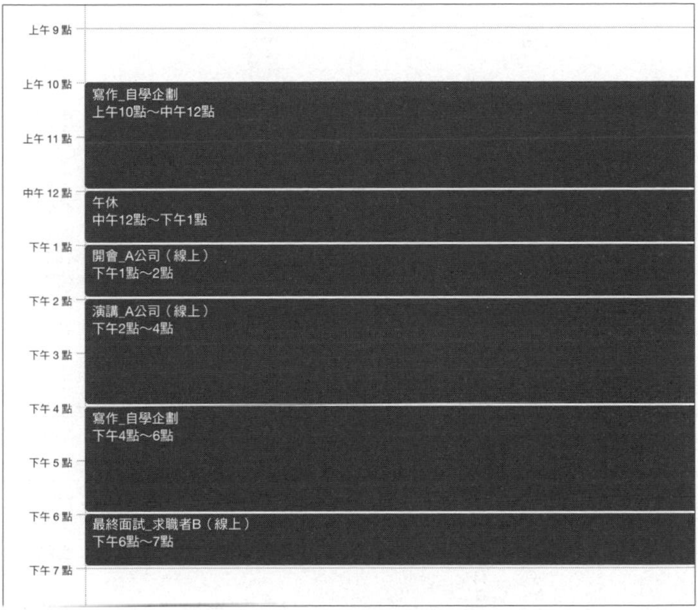
上午 9 點
上午 10 點
上午 11 點
中午 12 點
下午 1 點
下午 2 點
下午 3 點
下午 4 點
下午 5 點
下午 6 點
下午 7 點
寫作_自學企劃
上午10點～中午12點
午休
中午12點～下午1點
開會_A公司（線上）
下午1點～2點
演講_A公司（線上）
下午2點～4點
寫作_自學企劃
下午4點～6點
最終面試_求職者B（線上）
下午6點～7點

4-8 一覺得「不能集中精神」就馬上休息

●訂定時間好好休息

既然作為人類，專注力的續航時間就有其限制。

雖說會因個人或狀況而異，但各位是否聽說過九十分鐘是人類專注力的極限？無法集中注意力而對著桌子發呆也是一種浪費時間。在閱讀或用功學習時，是否曾經有過發現自己在想別的事的情況呢？這代表你的專注力已經中斷了。

首先，重點是要有意識地擁有一個察覺自己注意力不集中的感測器。只要該感測器有反應，**就強迫自己暫時停止至今專注的工作，試著改做其他的事，或稍微睡個午覺休息一下**。

此時必須設定好時間。在毫無時間限制下做別的事或休息，那就只是單純在偷懶而已，所以請定好時間再放下手邊工作。

●須有自我管理的能力

這一點不管是自學、讀書還是工作都一樣。近年來，愈來愈多的公司引進遠距辦公模式，因此自我管理的能力開始成為工作上的必備技能。

如前所述，敝公司也是採遠距工作的方式，而且還是彈性時間上班制（原則上，可從早上六點到晚上十點之間選擇自己喜歡的時間工作），所以我們是「基本上，何時何地工作都無所謂」的辦公風格。因此，要是注意力中斷了，那當然可以睡個午覺沒問題。

只不過，無止境地睡午覺是無法工作的，是故要睡午覺得先訂定時間，並在差勤管理系統上申請用那段時間休息。

午睡用掉的時間，可以在當天晚上晚餐後稍微工作一下，或是在狀態好的日子多做一點，只要利用其他時間填補起來就沒問題。

這只是我們公司的一個例子，不過**近年在各個領域中聚焦在個人而非組織的情況有增加的趨勢**，譬如遠距辦公這種不被公司束縛的自由工作方式，以及在行動中賦予個人決定權的組織形態等等。

正是因為社會演變成這種形態，所以才必須掌握本書所教的「自學腦」，**學會自主思考，成為有能力單獨解決問題，向前邁進的人**。

本章以「時間控管力」為題介紹到這裡。

時間管理在自學上的重要性極高，因此希望各位參考這裡所記述的內容，我想這勢必能改善大家的自學生活。

第 5 章

自制
意志力

5-1 創造一個讓人無法逃避的環境

●為了自學，將生活環境與習慣最佳化

這一章將說明「自制意志力」。

首先我們就從「打造可專心自學的環境」這個話題開始。

待在跟以前一樣的地方、一樣的生活節奏、一樣的社交圈裡，有時會無法順利轉換心境，反而浪費有限的時間。因此一開始**請先整頓自己的周圍環境，以便專注於自學**。

我以我自己的故事來舉例。

在我快二十歲時，原本以出道為目標運作的樂團解散了，我透過前面提到的方

式將夢想抽象化，把目標從樂團樂手改成行政書士。

不僅大學也沒上過，也毫無法律基礎的我，開始要從零開始學習法律，我有一定的覺悟，也知道這必須付出相當大的努力，所以我第一步就是動手改變身邊的環境。

首先，第一個是換工作。

我辭掉當時上班只要開車五分鐘左右的樂器行，把工作地點改成徒步五分鐘的藥妝店。

這方面是因為我想縮減上班移動時間，而且由於時間必須花在學習上，代表可分配給工作的時間減少，收入也隨之銳減，車子又要維護費，因此希望能改成不需用車的環境（同時我也把車賣了）。

接著我著手處理掉自己所有的樂團設備。

到現在我也仍將音樂當作一種愛好，而我當時只保留自己真正需要的東西，其他通通賣掉。

藉由自己親手塑造這樣的一個環境，在整頓過程中做出一個又一個的決斷（以這個例子而言，就是換工作、賣樂器等等）時，內心會不斷向自己重申「我從現在開始要考上行政書士，並獨立開業」。每一次這麼做，**都會感覺這份意念似乎深深刻在心底，下定決心的程度也會變大**。

●闖入實現理想者的社群

像這種突然連同自身環境一起改變的方法，可能看上去有點硬來，不過卻能產生驚人的效果。

其他還有如果想在未來創業，學習當一名老闆的話，嘗試加入具有這種屬性之人聚集的社群也很有效。

若是為了想說英語的目的自學英語，**那麼最快取得成果的方法是改變自己所處的環境**，比如跑去英語圈的國家住一段時間之類的，別只坐在書桌前用功。

想改變外在形象的話，則是穿上自己未來目標尺寸的衣服（將來自己的模

【圖7】對近似既定目標的想像

樣），或許現在看來衣服鬆鬆垮垮不太對勁，但可以想像適合這套衣服的身體（現在的自己）成長起來的樣子。

當這套衣服完全合身的時候，大概就已然成為當時所描繪之「將來的自己」。

5-2 一旦下定決心就公開宣言，逼自己前進

●把自己的目標告訴身邊的人，製造背水一戰的局面

自己親手整頓環境之後，下一步是採取防範自己逃避的對策。

人類是無論如何都會寬以待己的生物，所以除了以上一節的環境整頓等方式約束自己以外，還能請自己周遭的人幫忙敦促。

為了表達得更具體一點，我舉一個自己的例子。

如上所述，最後我成功從樂手變成了一名行政書士，不過在我決心準備行政書士考試時，我跑去跟自己的家人、關係好的朋友以及當時工作的同事說：「我要成為行政書士，自己開一家事務所！」

如此一來，每次遇到這些家人或朋友，他們都會問我「你最近怎麼樣？有在用功唸書嗎？」這些無心的談話對鞭策自己相當有效。

如果我中斷自學考取資格的目標，就不得不向家人朋友解釋原因。

不論有什麼理由，一旦下定決心要做一件事卻半途而廢是很丟臉的一件事，而且搞不好會讓人覺得自己就是這樣的人。這使我開始這麼想：「我想避免遇到那種狀況，所以只能努力了」，幸虧如此，即使遇到考試落榜之類令人心累的事情，我也得以堅持下來。

●把社群網站當輸出場所來應用

通過行政書士國考後，我開始為獨立創業努力奔走，然而開辦事務所也得按照行政書士會規定的手續來辦理，還要學習實務操作和市場行銷等等，這些開業的準備都是必要的。

此時我幾乎是在考上的同時就開設了部落格（當時是Ameba部落格）以及

Facebook帳號，在有許多不特定人士可以看到的地方發表開辦事務所的消息，把我開業的整段過程公諸於眾。

部落格和Facebook上持續發表的內容，主要是我一邊儲蓄獨立資金，一邊準備成立事務所，以自學的方式學習創業、經營、行銷與行政書士工作實務的模樣，以及我學到的知識產出等等。

我那時公開了自己到創業為止的各種里程碑，例如在事務所臨近開張之際，為事務所取名的過程（最後決定採用在部落格留言區募集到的「行政書士OFFICE23」行號）；我自己對設計名片的相關想法；網站製作的過程；主辦讓日本專業人員及經營者齊聚一堂的音樂活動，以建立創業所需的人脈時，整個活動的企劃與攬客狀況等等。

●將來自不特定多數人的按讚與留言化為活力

即使發生什麼事，讓我產生逃避成立事務所目標的念頭，只要看到這樣的自己的發文，感到「不想背叛那些給我留言、幫我按讚之人的期待」、「不想讓人認為我是一個中途受挫的遜咖」，這樣的情感轉化成我的動力。

就像這樣，請各位在決定實現某個目標時，務必公開說出來。

如果心裡覺得「不好意思告訴別人」，那我想這份達成目標的心情也僅僅是那種無法說出口的程度。

我們可以透過公開宣言斬斷逃避的後路。

不僅告知自己周邊親近的人，也要應用社群網站這種會被不特定多數人看到的工具，這樣會更有成效。關於這一點，我們將在下一章詳細解說。

5-3 培養自信的三種方法

●找到一個在任何時候都會認可自己的安全島

當做出決定並予以執行時，缺乏自信的狀態會令人在每次絆倒的時候止步不前。在自學環境下，擁有自信是很重要的事。

我相信本書的各位讀者有很多人都打算從現在身處的位置更上一層樓（即「接下來有挑戰等著自己」）。這一節我會介紹三個我構思的自信培養法。

首先第一個是認識一名絕對會認可自己的「安全島」，譬如家人或關係親密的朋友、情人、同事等，我想每個人心中都有一個對自己來說很重要的存在。藉由重新確認這名重要存在，發現：

「即使挑戰後受了傷，我也能回到這裡。」

「我也擁有夥伴。」

「雖然我是自學，但我並不孤單。」

如此一來，便能懷抱自信繼續前行。

以我而言，我的妻子、小孩、母親和好友是我所認知的安全島。

舉例來說，在工作上決定迎向新的挑戰時，過去的我曾經問過我妻子：「不管發生什麼，妳都會站在我這邊嗎？」

當下當然覺得很難為情，但**後來我所得到的回答也成為我的助力**。我認識到這種力量正是所謂的自信。

●累積微小的成功體驗

第二個方法是盡可能降低障礙難度，有意識地讓自己在跨越這些障礙的時候經歷到小小的成功體驗。

為了邁向大目標而設立中目標，為了前往中目標而設置小目標，以這樣的形式劃分階段差異。要培養自信，必須先往前走，讓自己的身體實際感受進步的感覺，哪怕是一小步也好。

比方說，當大目標是「考上二〇二二年的行政書士國考」時，邁向這個目標的中目標即為「在考前模擬考上拿到足以通過國考的分數」，再前面一個階段的小目標則是「在考古題裡拿到合格分數」，類似這種感覺。

只要以這種方式仔細分解目標，降低難度，就會開始思考「為了先達成這個小目標，現在必須答對眼前題庫裡的所有考古題」，得以自然而然地將目標縮小到待辦任務的層級。

藉由越過這個最小化的目標，為自己的身體累積再小也「超越了目標」的經驗。這會帶給我們信心。

●利用量變質變律，把數量變成盟友

培養自信的第三個方法，是創造一個令自己沉浸專注的時間，在這段時間不管是輸入還是輸出都好，總之會使你不顧一切，忘我地全神貫注在目標上。

至於必須安排多長的時間，我想最好是以好幾個月為單位，而不是幾小時或幾天。

譬如，在創業前後，我有一陣子每天都在寫部落格，這麼做的主要目的是招攬客戶。

從時間上來看，經常更新的期間大概不到一年左右。因為我從那時起，心中就有一個「總有一天要出書」的目標，所以寫部落格也兼具寫作的練習。

每一次我都寫了好幾千字，途中只要稍微覺得不太對勁，像是「這個詞的確切含意是什麼來著？」、「這裡適合用這種表達方式嗎？」、「這種說法是不是方言（關西地區獨有的）啊？」之類的時候，我每次遇到都會查一查，所以當時寫完一篇部落格花兩到三小時都很正常。

幸虧有這段時間，我的文章被稱讚的機會愈來愈多，這讓我逐漸意識到自己很擅長寫作，開始有了自信。

「量變產生質變」，這是「量變質變律」所說過的理論，**只要做的次數多，這些數量就一定會轉化成自信**。

其後，特別是獲得第一本書出版機會而寫作的時候，我在不熟悉之中摸索著建立自己的風格，好幾次都覺得挫折不已，但是**我知道「因為經歷過那段時期的那些時間，所以我能行」，於是得以擁有自信，克服困難**。

結果，在只要銷售量突破一萬本就可以說是成功的商業出版世界中，我過去出過的所有書都被再版和翻譯出版，而且全部的銷售量都超過一萬本。

綜上所述，只要以好幾個月為單位對一件事全力以赴，這份經驗就會轉變成自信。

在知曉自身安全地帶的基礎上，一邊讓自己的身體實際經歷那些再小都好的成功體驗，一邊透過專注於實現目標的道路上建立「自己做得到」的信心，如此一來便能擁有自信。

我認為這裡介紹的培養自信的方法並不限於自學，只要是在人生中需要白信的時候，它都很有幫助，因此希望各位務必將其作為參考。

5-4 提升學習動力的方法

●學習熱忱是可以自己控制的

在自學上，學習動力的控管非常重要。

本章的主題「自制意志力」，就算說它「主要是對學習動力的駕馭」也絕不為過。

在此我想說明一下，該如何自己控制自己的學習動力。

先從結論開始說起，**動力分為兩種：「想變成這樣而做」、「不想變成這樣而做」，兩者都能被控制**。

以「想變成這樣而做」為例，有下列類型：

○想在一年後辭職創業，所以每天花兩小時學習行銷。

○想讓自己的身材像這名模特兒一樣，所以每天早上花六十分鐘慢跑。

採用前者的方式也不錯，但可以的話**盡量描繪出類似後者這種特定的「想變成這樣」的畫面，如此一來更能直接提升動力**。

以「不想變成這樣而做」為例，有以下形式：

○已經不想再落榜了，所以要盡量把時間都花在用功學習上，下次絕對要考上。

○實在不想成為一個每天早上一臉疲憊地搭電車的上班族，所以一年後一定要創業，實現自由的工作模式。

這種方法是想像自己不願意成為的樣貌來激發動力。

像前者這般**曾經歷過自己不想要的狀態的話，這種情況下的學習動力管控起來更有效果**。

哪一種比較適合自己，部分取決於自己本身的性質和過去的經驗，所以我覺得直接嘗試看看再決定更好，又或是依據場合或心情的不同來運用也行。

●以實際經驗為動力

就我而言，在自學備考行政書士國考時，由於我在當地的一家藥妝店工作，因此我國中或高中的同學經常來買東西。

我的同學當時是大學生的年紀，好幾次遇到時，他們都會問我在哪一所大學唸書，好像去讀大學是很自然的事一樣。

每次我都回答：「沒，我沒有上大學，目前正以考上行政書士國考為目標自學」。

儘管不曾被他們用露骨的態度嘲笑過，不過當時同學的心裡搞不好在想「為什麼沒去讀大學啊？」、「那傢伙不像是擅長讀書的人，要自學考上國家考試，不太可能吧？」。

因為他們並未說出口，所以這可能只是我的被害妄想，可是每次對話的時候，我都感到很不甘心。

託他們的福，這成為當時的我「一定要考上給他們瞧瞧」的強大動力。

因此，那時我的學習動力有兩種，一種是「我不想被人雇用，而是獨立創業，擁有自己的事務所，所以要考上行政書士國考」的「想變成這樣而做」型；一種則是「不想讓我的同學認為『看吧，你果然做不到』，所以絕對要考上」的「不想變成這樣而做」型。

●試著與現實保持距離也很有效

在「不想變成這樣」的情況下，因為過去的經驗會如前述般形成強大的動力，所以應該加以活用，別讓過去的經驗浪費了。

若是「想變成這樣」的時候，則是盡可能真實描繪理想形象。要做到這一點，可以實際閱讀自己憧憬對象所寫的書，在網路上瀏覽相關新聞或影片，要是能實際與對方交談，便聽聽看對方的意見。

另外，**當動力下降時，請別勉強自己把它拉抬回來，而是暫時遠離一下，這也是很有效的辦法**。

說到逃避現實，或許會給人一種消極的印象，但暫時與現實保持距離，休養生息，將因此產生「再不用功就完蛋了」的罪惡感，或是「一直都是這個時間唸書，沒做總覺得很奇怪」的不協調感，最後反而會恢復學習動力，激發自己的幹勁。

此外，正如上一節也提過的，**盡量降低任務難度，並有意識地為自己創造克服障礙的成功體驗**，這種方法也有助於提升學習熱忱。

關於「自制意志力」的解說，各位覺得如何呢？

尤其本章大多基於我自己過去的經驗來講授，所以如果能確實將這些經驗以具體的形象傳達給各位的話，我會很開心的。

做錯了也沒人教，偷懶了也沒人罵，這就是自學。

我認為這些內容不僅適用於正在自學的人，也適用於獨立工作、不隸屬於公司的人，像是近年增加的遠距工作者，或是自由工作者或創業家等等。

「自制意志力」是這類人士共同需要的能力，如果能在必要的時機想起本章所傳達的內容，還望各位務必付諸實踐。

第6章

訊息輸出力

6-1 別額外做筆記

●直接寫在書或課本上反覆閱讀

這一章我們主要敘說組成「自學腦」第五種能力——「訊息輸出力」。

學習上一提到「輸出」，可能會有很多人聯想到「把內容寫在筆記本上」。當然，做筆記也是輸出的一種形式。

只不過，從自學備考行政書士國考以來，直到作為一名公司老闆、每天學習的今天，我都在親身實踐一種名為「別額外做筆記」的學習法。

原因是**筆記本會令人不由自主地致力於文字的整齊、顏色、內容整理的方式等讓筆記本身美觀易讀的地方**。

那麼該怎麼做才好呢？答案是**直接寫在課本上**。

如果能把資訊匯集在一本課本裡面，那在考試前一天或臨考前就只有一項工具需要回顧。要看筆記，又要對照參考課本相應內容的狀態，既費工又難以複習。

本來**要固定人類的記憶，重點在於反覆記誦。一旦該讀的東西很多，就很難增加重複閱讀的次數**。

還請各位不要額外做筆記，而是藉由直接寫在課本上來整合資訊，把該讀的地方減到最少，有效率地輸入與輸出資訊。

6-2 必須事先模擬正式狀況

●自己創造與正式情況相同的條件

對於自學的人來說，不管是「想通過國家考試」還是「希望考過下一次的升等考試」，任何目標都有正式來的時候。如果不能在正式場合發揮自己的實力，那一切都將付諸東流。

運動選手也是如此，他們為了正式比賽投入好幾個月、甚至幾年來訓練，所以想像正式比賽當天情況的對策，還是很重要的。

特別是一年一度的考試這種無論如何都不能失敗的場合，**建議最好提前模擬具體情況，以便能在正式考試當天全力以赴。**

舉一個實際的例子，我想介紹一下自己在準備行政書士國考時，為正式考試做的模擬訓練。

這邊先提一下，行政書士國考每年舉行一次，時間是十一月的第二個星期天。隨著考試日的逼近，補習班辦的模擬考（不是學生的校外人士亦能參加）也愈來愈多，考生可以參加這些模擬考，用身體記住解題的順序和時間感。

這種「考試中的模擬」當然是必備的，所以要盡可能多去參加。

不過這裡想說的是——**不僅是考試中的模擬，度過考試當天直到測驗時間為止的方式也必須模擬**。

具體而言，由於行政書士國考是十一月的第二個星期天，所以要在上一週，即十一月第一個星期天穿上跟考試當天同樣的服裝，搭乘與那一天同時間的電車，去同樣的便利商店買相同的午餐，再走同一條路線到考試會場，並在同一個地方吃午餐。

因為不能進入考試會場，所以到了考試時間，就走進會場附近的咖啡廳，拿出跟考試當天同樣份量的模擬考卷來解題。

畢竟應該已經在前面提到的其他模擬考中做過「考試中的模擬」，所以到這裡整個模擬行程就結束了。

●排除不確定要素，減輕心理壓力

如上所述，在與正式場合相同的條件下概略體驗盡可能多的項目，便能藉此預先減少考試當天的初次體驗。這麼做可減少心理上的壓力，使我們得以專注在考試上，不用去考慮多餘的事情。

實際執行的時候，提前一週是關鍵所在。

因為如果距離考試當天的時間太長，就很有可能會發生與正式情況不一樣的事情，例如氣溫不同導致服裝改變、電車時刻表不一樣、應該存在的店家消失了等等。

還有，建議大家從正式考試前一週開始，盡量按照正式考試當天的節奏來度過一天。

具體來說，配合考試當天的吃飯時間、起床時間和就寢時間，大概這種程度就夠了。這麼一來，就能讓身體一點一滴地進入正式狀態。

為了藉這種方式在正式場合中發揮全部的力量，請務必事先模擬正式場合當天的假設訓練。

6-3 將條列式寫法運用自如

●運用條列式寫法整理情報

所謂的輸出，就是匯出經驗或學問並傳遞給對方，而擅長表達的人，多半給人一種熟練使用條列式寫法的印象。

條列式寫法是一種主詞跟述語的文字量都比較少的簡單文章，譬如會以「某天以前做某事」、「你應該這樣做」等形式表現。

條列式可讓人整理思緒，鍛鍊出能夠精簡輸出訊息的大腦。我自己平常的筆記不用說，演講時的小抄或是在考量出版書籍的內容時，我都會用條列式來書寫，而不是寫成文章。

比方說，我們以炒飯的食譜作為一個具體示例：

▼不採用條列式寫法

首先把日本大蔥切成蔥末。在中火加熱的平底鍋中倒一點芝麻油，放入大蔥翻炒，炒軟後以繞圓的方式倒入打好的雞蛋，然後再炒一下。雞蛋一炒熟，就加入白飯大火快炒。當白飯充分與雞蛋混合時，加入醬油（一茶匙）、雞湯粉（二分之一茶匙）、胡椒鹽（兩小撮）快速翻炒，炒到入味再關火。裝盤後即完成。

▼採用條列式寫法

①把日本大蔥切成蔥末
②在中火加熱的平底鍋中倒一點芝麻油，放入大蔥翻炒
③大蔥炒軟後，以繞圓的方式倒入打好的雞蛋翻炒
④雞蛋一炒熟，就加入白飯大火快炒

⑤當白飯充分與雞蛋混合時，加入下列調味料並快速翻炒

・醬油（一茶匙）

・雞湯粉（二分之一茶匙）

・胡椒鹽（兩小撮）

⑥炒到入味就關火，裝盤完成

各位覺得如何？

「還有更好吃的做法」這類意見我們暫且不論（笑），我認為條列式的寫法能夠表達得更易懂。順便一提，編號表示步驟順序的方式也更容易傳達訊息。

●活用條列式寫法，就能靈活地輸出資訊

此外，不採用條列式的文章往往會讓人感覺「必須全部照著做才行」。

在我還不習慣演講的時候，也曾把預定要講的內容寫成文章來演說。

從視覺上來看，一整篇文章也很難看出文中最需要傳達出去的重要內容在哪，所以會按照擬好的文章順序從頭唸到尾。這麼做會令人致力於回想內容，無法採取靈活的應對。

另一方面，只要把演講稿用條列式寫出來，不僅在視覺上容易理解，而且在一定要傳遞出去的內容開頭加上符號，便可藉由這個記號產生「就算演講內容的順序前後調換，只要把有記號的部分講述出來，今天就算成功了」的心情，讓人不再緊張，同時也能勇於挑戰。

輸出資訊的時候，不曾留意條列式寫法的人，今後請一定要試著應用看看。

6-4 社群網站是自學不可或缺的必備工具

●Instagram 和 Twitter 是最佳自學工具

接下來將介紹自學時必備且不可少的社群網站。

本書的各位讀者之中，大多數的人是否也在使用社群網站呢？

與朋友的交流、興趣領域的資訊蒐集等，在私人層面的運用上，我想社群網站應該已經成為許多人生活中必不可少的工具之一。

即使是在不得不獨自奮鬥的自學上，社群網站發揮的效用，甚至可說好到不可或缺。

話說，就算用「社群網站」一詞概括，其中也有各種不同的類型。

日本主要使用的是Facebook、Instagram、Twitter、TikTok、YouTube、LINE、note等等。從廣義來看，世上確實存在很多社群網站。

我們先就在自學上該如何應用社群網站這一點來討論。

後面提到的**「有相同境遇卻無關的人可以互相交流」**也是活用社群網站的一大優勢，所以如果想活用這一點的話，我不太建議選用Facebook，畢竟它是以現實生活中的熟人為基礎所建立的關係，很難用它來享受這次講述的優點。LINE原則上也是一個封閉的場域（基本上是一種多用於與現實熟人交流的溝通工具），所以這次也不建議使用。

TikTok、YouTube跟note雖然允許觀眾留言反饋，但跟其他社群網站比起來，其發文跟反饋的難度稍稍高一點，而且比起「帳號用戶之間的聯繫」，「單向觀看喜歡的內容」的印象更為強烈。

「可以跟有相同境遇但尚未產生聯繫的人交流」，為了充分活用社群網站在自學應用上的這項優勢，考慮到發文和互動的便利性等因素，**我個人比較推薦使用**

Instagram或 Twitter。

【圖8】主流社群網站特徵

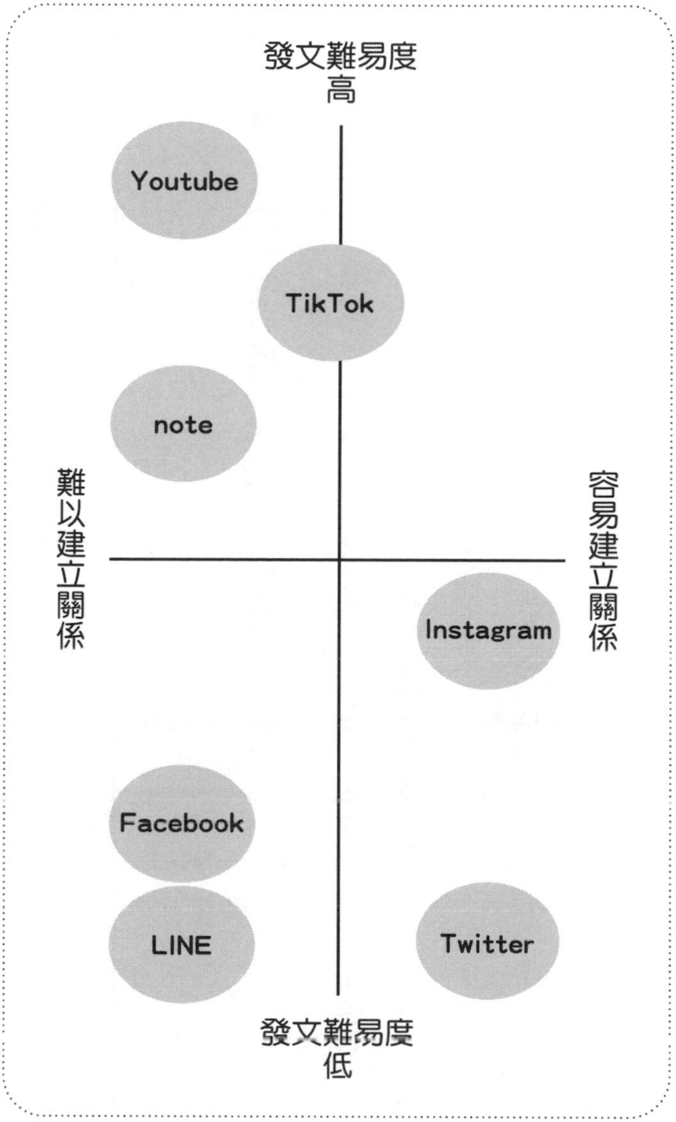
發文難易度
高
Youtube
TikTok
note
難以建立關係
容易建立關係
Instagram
Facebook
LINE
Twitter
發文難易度
低

6-5 管控那些進入眼簾的情報

●在社群網站上接受志同道合的人或夥伴的刺激

從這裡開始，主要會以「社群網站等於Instagram或Twitter」為前提來論述。**社群網站的使用，大略可分為「發文」與「瀏覽」兩個核心**。其中，這一節會介紹在「瀏覽」核心上，社群網站應用的相關內容。

社群網站是一種工具，它會將自己主動追蹤的人的貼文，顯示在名為「動態消息」的主頁上，以瀏覽該篇文章為契機展開交流。

我們該如何將這種工具活用在自學上呢？

比方說，在自己以通過考試為目標自學時，追蹤跟自己一樣自學備考的人，這樣**自身社群帳號的動態消息上，就都是在同一個狀況下奮鬥之人的貼文。**

若說這會產生什麼效果？

「獨自努力的人不只有自己。」

「那個人唸書唸到這麼晚，我也該加油了。」

可像這樣令自己保持或提升學習動力，亦或是能獲得對自學有益的新資訊，例如：

「還有這樣的題庫嗎！」

「這種解法好像很有效率？」

諸如此類，許多好處油然而生。

再加上不只是單方面的追蹤瀏覽而已，假如自己主動採取行動按讚留言，就能實際與發文者互動，建立網路上的聯繫，這也是活用社群網站的優點。

在社群網站的世界與擁有相同志向的同志，或在相似境遇下奮鬥的同伴相遇，並產生聯繫這件事，應該能令人感到心理上的莫大支持。

●追蹤那些接近自己理想形象的人的帳號

另外，追蹤一些特定的帳號也非常有效，例如位於自己在自學的盡頭所描繪的「想成為這樣」的人。

我身為行政書士國考考生時，也在Twitter等平台追蹤了作為行政書士開業、出書等活躍於業界的人，每天都以他們的更新為樂，囑咐自己「如果我也開設事務所，這就是我的樣子」，並想起自己正在面對眼前的試題。

作為一家公司的創始人與老闆，我把IPO（上市）設為一個中繼目標，所以現在我也在追蹤那些已經達成上市目標的創業者，以及正在發展我覺得很有趣的服務之公司經營者等人的帳號，並將他們視為自己每天的動力來源。

綜上所述，我的社群帳號所追蹤的對象，有在相同環境下努力的人、貼文能激勵自己的人、能提供對現在的自己有益資訊的人、以及早已抵達自己未來目標的人等等，只追蹤那些可以帶給自己益處的帳號，便能藉此整理自己會看到的情報。

這樣一來，**就能利用自己的社群帳號，有目的地將自己控制在積極的方向上**。

當然，如果覺得有些追蹤對象會帶來相反的效果，建議立刻做出取消追蹤等應對。

●建立自學專用帳號，跟私人生活做出區別

請各位盡快仔細排查自己社群帳號上追蹤的人，整頓動態主頁。

不過如果現在的帳號跟家人朋友、工作上的同事有聯繫，完全不可能只追蹤這類帳號時，還請另外新辦一個帳號。

除了以實名制為原則的Facebook以外，大部分的社群網站都可以擁有好幾個不同的帳號。

當然，Instagram跟Twitter都能建立多個帳號，所以最好再試著準備一個新的自學專用帳。

或者也可以去各個社群平台的設定頁面選擇顯示及不顯示在自己動態消息上的

人，利用這個方法限制貼文的顯示，如此也能做到動態主頁的整頓。

總之**重點是要管控那些會進入自己眼簾的資訊**。

後面會提到在社群網站上發文的技巧，假使不打算這麼做，那無論暫時採用哪一種方法來應對，都能獲得此處所介紹的效果，所以如果覺得這樣做對自身環境不會有負擔的人，還請一定要嘗試看看。

6-6 發文前決定好目標受眾與主題

●與「好夥伴」建立聯繫的帳號運用技巧

到這裡，我們介紹完社群網站是自學必備工具的主旨，以及瀏覽社群網站時更有效的辦法。

接下來則是要教各位塑造一個帳號，好在社群網站上發布自學的內容。

如前所述，**社群網站的優勢在於物以類聚**，可以邂逅擁有相同境遇的夥伴。

雖說在別人的發文下留言等提供反饋的形式也能跟對方建立聯繫，但自己當發文者的話，就能更進一步提高聯繫建立的速度與數量。

而且藉由持續發文，社群帳號上有往來的人也會變得跟自己屬性相似。因此我

強烈建議各位在社群網站上別只瀏覽，還要發文。

發文時用自己現有的個人帳號也不是不行，不過有另外辦一個自學專用帳號與自己平常用的帳號分開的人，更容易獲得好的結果。

希望各位設身處地想像一下，如果一個在現實世界跟自己沒什麼聯繫的普通帳號，其發文的內容包括私事、工作、讀書等好幾個沒有一致性的內容時，你會想追蹤他嗎？

倘若這個帳號不是一般人，而是自己喜歡的藝人或名人，那我可能會追蹤他，畢竟他不管發布什麼我都感興趣。只不過，對於現實世界與我們毫無關聯的普通人的私人生活或工作上的抱怨，沒有興趣是很正常的。

在Instagram或Twitter等社群網站上塑造帳號的關鍵是：決定目標受眾，並特別強調某個發文主題。發文前，建議至少**先確定目標受眾及發文主題這兩個項目**。

請各位這麼想：在還沒有確定發文主題的狀態下還會追蹤自己的，只有自己在現實世界也有聯繫的家人、朋友和同事而已。

我們舉個例子看看，假設發文者一邊工作，一邊以通過行政書士國考為目標，其受眾與主題如下：

〇目標受眾
↓跟自己一樣，一邊工作，一邊以通過行政書士國考為目標的人
〇發文主題
↓行政書士國考的備考紀錄

只要事先訂好規則，不發布偏離這個受眾與主題的內容，就能保持發文內容的一致性，使整個帳號維持統一，這麼一來也比較容易被別人追蹤。

這是在所有社群網站上都通用的內容，所以在社群網站上發文時，請務必記住這一點。

6-7 自學的社群發文模式

除了輸出資訊和記錄以外，發文對維持學習動力也很有效

接著我們會稍微談到一點發文的內容。

以上一節設定發文主題的例子來說，就算單純發布今天的學習內容，也可以看作自己的學習紀錄，同時更是對那一天的複習回顧。

此外，以「看到這篇發文，擁有相同境遇的追蹤者」的立場來看，還可以使其感到「我還沒讀到這個範圍，要再加油了」，從而保持學習動力。

例如可以用「這個判例很容易跟另外那個判例混淆，所以得多加留意呢」的形式在**留言區互相對話，說不定還能帶來新的發現**。

假設跟上一節一樣，目標受眾是以通過與自己相同的考試為目標的人，那麼除了剛才作為舉例提出的資訊輸出與紀錄、以前發文用的主題以外，還可以考慮以下發文模式：

○正在使用的課本、題庫、文具、手機應用程式等可以應用在自學上的工具介紹。
○利用直播功能播放自己努力學習的樣子，以即時的方式召集一起讀書的同伴。
○即使不做直播，也可以拍下自己專心讀書的手部畫面，彙編成一個短短的縮時攝影影片。

諸如此類，我開始舉例後才發現學習類的帳號真的很多，不管那個社群網站都有他們的蹤跡。

請嘗試著在自己用的社群網站上**搜尋一下「#Study」等標籤**，可找到很多不同帳號的發文。

若直接搜尋你的證照或考試的名稱等訊息，便很容易便發現跟自己相同境遇的人，所以請一定要試試看。

●繼續經營帳號，與相同境遇的人建立益友關係

社群網站的經營沒有實際做過一次大概不太了解，所以用PDCA循環試著跑一次流程是最基本的。

不知道該發布什麼內容時，把所有自己想得到的主題都試一遍，觀察使用者的反饋，同時聚焦在迴響不錯的發文類型，這也是一種方式。必須要有一邊實際發文，一邊反思自己該如何經營的態度。

另外，因為也要看發文類型適不適合自己，所以一開始就聚焦在符合自己個性或環境的方式，或自己可以持之以恆的方式發文，應該也是不錯的做法。

類似這樣建立一個專門自學的帳號，就十分容易吸引到相同境遇的人，增加追蹤者。

【圖9】「＃學習帳」的實際發文示例

sin @sin0_360 1天
縮時攝影
數學 2 小時 (*'ω' *)
・反饋問題的重新答題
・考古題
學習帳 # 跟學習帳一起努力
幫學習帳按讚的人全都追蹤
0:04

參考：https://twitter.com/sin0_360

追蹤者增加以後，會與那些在相同境遇下努力或為自己加油的人有更多的聯繫，遇到挫折的時候，他們也會成為你的支柱。

一點一滴地發文也會有價值。因此只要到了那個程度，我想各位便能切實感受到社群網站對自學的幫助。

6-8 將社群公開發言的效果最大化

●在公開宣言的過程中將目標語言化很重要

公開發言的重要性如前述，不僅要向現實世界自己身邊親近的人公開宣言，還可以在社群網站這種不特定多數人會瀏覽的媒體發文來公開宣言，這樣便能將宣言的效果最大化。

公開表明目標在自學上之所以有效，主要的原因是：假設將來自己想撒嬌的時候，會因為不想背叛為自己聲援的人的期待等理由，**得以杜絕逃避這個選項**。

另外，也可以期待公開宣言時，在對外發布訊息的過程中產生巨大的效果。不要只把目標放在自己腦中想想，在向自己以外的人傳達訊息後，目標會在傳達的過程中明確地化為言語。

「這種表達正確嗎？」、「是否有完整傳達出去？」我們的所思所想會在這般思考的同時轉化成言語，在這個過程中，這些想法會更深入地印在我們的腦海裡。

人類是一種逐漸遺忘的生物，倘若沒有任何作為，描繪目標當下的心情也會慢慢淡化，這一點很正常。然而**透過「公開宣言」和「在公開宣言的過程中語言化」，就可以時常保持熱度很高的狀態**，湧現積極的情緒，比如「既然說到就要做到」、「感覺自己做得到」等等。

●以公開帳號定期發文

因此，在社群網站上的公開宣言，如果能盡量定期發布是最理想的情況。

就算是定期發文，也不是每次只用「我要考上某某考試！」的固定句子來持續發表，舉例來說，可以選擇「今天為了考上某某考試，用功學習了某個領域」的形式，稍微在前一節提到的發文內容中帶過一下，這樣就很自然了。

在書桌前貼有寫著「一定考上！」等文字的紙條，類似這樣的光景經常會在漫畫或日劇上看到，不過我覺得發文在效果上，應該也有跟這種做法非常相似的一面存在。

常常聽到「視覺情報占比八成以上」的說法，果然，人類從眼睛獲取的資訊是相當龐大的。**最大化那些經由視覺獲得的訊息所產生的效果，並且加以控制，有這個意識十分重要**。

在社群網站上公開宣言，是在桌前貼貼紙做法的範圍擴大版，而且因為這些內容始終存在自己隨身攜帶的手機裡，在可以定期開啟的社群網站中執行，所以這部分被自己看見的機會也有所增加，可看到更好的成效。

順便一提，要獲得這裡介紹的社群網站公開發言的效果，應該用公開帳號來進行，不可限定使用者的瀏覽權。

原則上，一旦使用私人需批准申請的帳號，最後就只能批准現實世界有聯絡的人成為好友，那就單純是在社群網站上重現與現實相同的人脈結構而已。

社群網站的優勢在於：可跟不特定多數的同志建立聯繫，然而彼此之間在現實中不曾聯繫過，**甚至是互相住在現實世界的交流無法抵達的距離**。

請各位一定要用公開帳號發文。

6-9 小心處理從社群網站取得的資訊

●與社群網站保持距離，以免忽略自己的目標

最後，我希望告訴各位關於社群網站獲取情報的處理。

社群網站裡有很多不同立場、不同價值觀的人。社群網站是這些人之中的每一個人都可以傳遞自己想法的地方。

因此請抱持一個認知，那就是對社群網站上發布的資訊全盤相信、囫圇吞棗是很危險的。我們應該把握這一點：那些在社群網站上的情報，充其量也只是一個人的主觀意見。

在自學上，社群網站能夠向前面提到的一樣發揮巨大效果，但只應在享受其好

處的範圍利用它，**切記不要太沉迷於社群網站，以為「這個世界就是全世界」**。

也有的人會因為過於投入社群網站，導致精神崩潰，因此重點在於注意保持一定的距離感。

●別忘了，真正重要的是現實中的自己

重要的是現實中的自己，而不是螢幕上的自己。

如果覺得自己「可能有點太投入了」，那就暫停一切更新，試著完全遠離社群看看，這也是一種辦法。歸根結柢，**在自學上用功學習才是本題，請各位在社群網站對自學有加成作用的範疇內，利用這套功能**。

希望本書的讀者能多加小心，不要過分關注社群網站，譬如「我想增加追蹤者」、「我想拿到更多讚」等等，避免自己的行為偏離原本的目的。

後記

首先，感謝各位讀完本書。

本書定義了習得「資訊蒐集力」、「決策實行力」、「時間控管力」、「自制意志力」、「訊息輸出力」這五大能力的狀態，是活在今後時代的人類所必備之「自學腦」，同時基於這個定義，結合我過去的實際經驗傳授給各位。

尤其在網路問世以來，資訊傳遞速度變快的結果，導致時代的發展速度加快，經濟成長與昭和時代不同，成為一個連大企業都會倒閉的時代。

現在這個時代不再是「大人說的話都是對的」，我們必須以自己蒐集而來的資訊自主思考，基於反映出自己價值觀的決策準則做出決定，再向前行。

舉個例子，聽說由ＧＡＦＡＭ——即「以ＧＡＦＡＭ科技五霸權為代表的超大型企業」——所提供的中央集權式服務成立的Web2.0即將迎來落幕，同時主要用區塊鏈記述分散權力的Web3.0則是正要開始。人們把重點放在個人，而非組織；互動性的重要程度，也變得比觀看次數或追蹤者數大。

再加上之後5G和6G的全面普及，線上與線下的界線將變得更加無縫接軌，即使在距離很遠的地方也能進行流暢的溝通，因此在工作上，地理位置的問題將不再顯得重要。

就這樣，今後社會每隔幾年就會發生巨大的變化，但如果可以掌握本書所傳授的「自學腦」，就應當能在每次都憑自己的力量更新，無論時代怎麼變化都可以向前邁進。

正文中雖然也稍微提到一點，不過我每天都在思考，「希望自己能成為一個為他人帶來良好影響的人」。

並非為了獨活，我不管是成立公司組織或建立家庭，還是在經營公司這份本職工作的空檔寫書，全部都是以此為終極目標，有了這個準則，再去判斷「應該這麼做」。

因此，只要本書所傳達的內容有任何一小節能留在各位讀者的記憶裡，成為你們今後人生的力量的話——沒有比這更令人高興的事了。

另外，希望各位一定要在Instagram、Twitter等社群網站上，將本書的照片或感想附上「#独学脳」（即「自學腦」）的標籤發文。

上述文章會藉由這個標籤送到我手上，我看到的時候一定會按讚跟留言。

順便一提，我的Instagram和Twitter都是用「@genxsho」這個帳號註冊，所以直接傳訊息給我也沒問題。

也請各位充分活用本書內介紹的社群網站，務必試著把學到的內容輸出看看。

最後，對拿起本書翻閱的各位讀者感謝自不在話下，也感謝參與本書製作的所有人。謝謝大家！

２０２２年３月　坂本翔

國家圖書館出版品預行編目(CIP)資料

超高效自主學習法：資訊蒐集×時間控管×決策實行，從資格考試準備到提升工作效率皆適用的五大守則／坂本翔著；劉宸瑀、高詹燦譯. -- 初版. -- 臺北市：臺灣東販股份有限公司, 2022.09
192面；14.7×21公分

ISBN 978-626-329-419-6（平裝）

1.CST：學習策略 2.CST：學習方法

521.1 111012232

超高效自主學習法

資訊蒐集×時間控管×決策實行，從資格考試準備到提升工作效率皆適用的五大守則

2022年9月1日初版第一刷發行

著　者　坂本翔
譯　者　劉宸瑀、高詹燦
編　輯　魏紫庭
封面設計　水青子
發 行 人　南部裕
發 行 所　台灣東販股份有限公司
＜地址＞台北市南京東路4段130號2F-1
＜電話＞(02)2577-8878
＜傳真＞(02)2577-8896
＜網址＞http://www.tohan.com.tw
郵撥帳號　1405049-4
法律顧問　蕭雄淋律師
總 經 銷　聯合發行股份有限公司
＜電話＞(02)2917-8022